本成果为国家法治与法学理论研究重点项目
"以完善社会主义法律体系为宗旨的
环境法调整范围问题研究"
(17SFB1010) 的最终成果

环境法
调整范围问题研究

HUANJINGFA
TIAOZHENG FANWEI WENTI YANJIU

焦艳鹏　杨继文　落志筠 ◎ 著

中国政法大学出版社

2022·北京

声　　明　　1. 版权所有，侵权必究。

　　　　　　2. 如有缺页、倒装问题，由出版社负责退换。

图书在版编目（CIP）数据

环境法调整范围问题研究/焦艳鹏,杨继文,落志筠著. —北京：中国政法大学出版社，2022.9
ISBN 978-7-5764-0652-8

Ⅰ.①环… Ⅱ.①焦… ②杨… ③落… Ⅲ.①环境保护法－研究－中国 Ⅳ.①D922.680.4

中国版本图书馆 CIP 数据核字(2022)第 172919 号

出　版　者	中国政法大学出版社
地　　　址	北京市海淀区西土城路 25 号
邮寄地址	北京 100088 信箱 8034 分箱　邮编 100088
网　　　址	http://www.cuplpress.com（网络实名：中国政法大学出版社）
电　　　话	010-58908586(编辑部) 58908334(邮购部)
编辑邮箱	zhengfadch@126.com
承　　印	固安华明印业有限公司
开　　本	880mm×1230mm　1/32
印　　张	6.25
字　　数	180 千字
版　　次	2022 年 9 月第 1 版
印　　次	2022 年 9 月第 1 次印刷
定　　价	49.00 元

作者简介

焦艳鹏 法学博士，华东政法大学刑事法学院教授、博士生导师、国家社科基金重大项目首席专家。出版与发表了《刑法生态法益论》《生态文明保障的刑法机制》(《中国社会科学》2017年第11期)等系列成果，并在上述领域主持承担了国家社科基金重大项目、国家社科基金重点项目、国家社科基金青年项目等高水平项目。相关研究成果曾获董必武奖、孙国华奖、方德法治研究奖等行业内奖励。主笔撰写的法治类研究报告获党和国家领导人批示。相关研究成果与建议在《刑法修正案（十一）》《生物安全法》等的立法活动中得到体现。入选中央政法委、教育部"双千计划"（2013年）；国家环境保护专业技术青年拔尖人才（2016年）、重庆市"百人计划"特聘专家（2016年）等。被中国法学会环境资源法学研究会、中国法学会警察法学研究会、重庆市法学会等作为候选人推荐参评

"全国十大青年法学家"等行业内评奖评优活动。兼任中国环境科学学会环境法学分会副主任委员（副会长）、中国刑法学研究会理事、中国法学会警察法学研究会理事、中国法学会环境资源法学研究会理事暨学术委员会副秘书长等。担任《中国环境司法发展报告》（刑事卷）主撰稿人。担任国家社科基金项目等的评审与鉴定专家。担任国内一些司法机关或政府的咨询专家或法律顾问。

杨继文 法学博士，华东政法大学刑事法学院讲师。在《China Legal Science》《法商研究》《法制与社会发展》《政治与法律》《中国刑事法杂志》等刊物上发表学术论文多篇，主持省部级课题4项，相关成果获得原环保部、教育部、四川省人民政府、中国法学会等奖励二等奖1次，三等奖3次。

落志筠 法学博士，内蒙古财经大学法学院副院长（主持工作）、教授。在《中国人口·资源与环境》《自然资源学报》《重庆大学学报（社会科学版）》等刊物发表学术论文多篇，在中国政法大学出版社等出版学术专著多部，主持国家社科青年基金项目1项，省部级课题多项。

前言

在新时代的历史起点上,需要进一步完善和发展中国特色社会主义法律体系。这是坚持党的领导与社会主义法治相统一的根本要求,是建设中国特色社会主义法治体系的必然要求,是推进法治中国建设的基本要求。从调整对象、调整进路等方面对中国环境法进行梳理与理论剖析,使得环境法学学科成为社会主义法律体系中的独立法律部门,进而建立层次清晰、逻辑严密的环境法律体系。环境法调整对象作为揭示环境法与社会之间关联的一个学术范畴,处于环境法本体论的视域与调整范围之内,即调整对象理论承载着关于环境法本体范围的相关知识。环境法的调整范围与调整对象相互交织,在属性上表现为形式与内容的关系。就环境法调整对象的形态而言,可分为应然层面与实然层面。[1]

---

[1] 参见孙莹:"民法调整对象的属性及其意蕴研究",载《西南政法大学学报》2013年第2期。

在中国特色社会主义法律体系的完善要求下，环境法亟待体系化构建。环境法的综合性、交叉性、时代性特征需要与完善社会主义法律体系进行契合。针对目前环境法体系化存在的法律部门化、碎片化和核心要素及其基本标准欠缺问题，需要在生态整体主义理念的指引下，构建环境法内部与外部的整合路径，促进环境法体系的内容整合及其边界承接。就环境法的体系应对，应当树立一种生态整体主义的环境风险与环境问题的治理理念，构建一种基于领域法学的整体主义整合路径。环境法体系的优化，需要完善作为独立法律部门的环境法及其法律法规的调整对象和基本范畴，需要完善环境法学的学科体系和内部要素的清单制管理，以及推进环境法实施过程中的学术共同体建设。

在环境法调整范围的实然层面和具体领域，反对食品浪费的法理困境在于，依据所有权理论，权利人有权自由处分其财产，包括食品。反食品浪费立法的核心在于以资源社会性理论作为其法理基础，纠正所有权张力的过度释放，满足财产权社会义务、环境义务的要求。反食品浪费立法需着眼于生态文明建设需要，满足绿色发展观要求；立法需跳脱出"节约型反浪费"与"回收型反浪费"，构建"循环型反浪费"制度体系；制度内容既包括通过强制性约束反对浪费,又要促进、引导相关绿色产业发展;以《反食品浪费法》[1]作为突破口,推进国家反浪费立法体系的逐步健全。[2]

在环境法调整范围的实然层面和前沿领域,碳达峰、碳中和的推进和实施,迫切需要科技的支撑和法治的保障,在当前大数据时代鲜明地体现为数字碳达峰、碳中和的命题,逻辑与进路。针对碳达峰、碳中和推进实施中的中央—地方整体协调互动不足、法治供给不足、运动式"减碳"以及科技支撑问题,需要重视数字技术、法治回应和人民权益保障的关系协调。在数字碳达峰、碳中和推进中,需要通过区块链技术的"全程留痕"和存证机制,提高碳达峰、碳中和的公信力;通过"去中心化"和共识机制,实现碳达峰、碳中和管理的精细化;通过"不可伪造"和协作机制,提升碳达峰、碳中和管理的治理效能。数字碳达峰、碳中和的实现,在价值理念方面,需要以习近平生态文明思想和习近平法治思想为根本遵循;在智慧城市建设方面,需要在低碳城市与智能城市协同构建中完成城市治理的法治化命题;在企业治理方面,需要数字平

---

[1]《反食品浪费法》,即《中华人民共和国反食品浪费法》,为行文方便,本书涉及我国法律法规省去"中华人民共和国"字样,直接使用简称,全书统一,后不赘述。

[2] 落志筠:"反食品浪费立法的法理基础与中国路径",载《重庆大学学报(社会科学版)》2021年第4期。

台的合规机制构建;在全球治理方面,需要提倡"人类命运共同体"背景下的应对全球气候变化的网络空间法治机制构建;在具体法治机制构建方面,需要强调定制化常规型的法治应对方案。

进而,在以完善社会主义法律体系为宗旨的背景下,编纂环境法典,对于加强生态环境领域的法治建设、提升法律对生态环境的保障能力、提升我国环境资源立法水平、完善中国特色社会主义法律体系具有重要意义。在编纂环境法典过程中,应高度关注既有法律科学与法律技术对法典编纂工作的制约。环境法律人的知识体系、知识结构对环境法典的编纂亦有重要影响。编纂环境法典,对准确理解与定位环境资源法律关系、科学界定环境法的调整范围、准确把握环境法的调整机制也具有重要意义。[1]

---

[1] 焦艳鹏:"环境法典编纂与中国特色社会主义法律体系的完善",载《湖南师范大学社会科学学报》2020年第6期。

目 录

第一章 导 论 //001
  一、本书的主要背景与价值 //001
  二、本书的文献综述 //005
  三、本书的主要思路与方法 //008
  四、本书的主要内容与创新点 //009

第二章 法律调整对象与环境法调整范围的实质解释 //013
  一、法律调整的基本原理 //013
  二、环境法的调整范围与调整对象辨析 //018
  三、环境法调整范围的实质解释 //023

第三章 完善中国特色社会主义法律体系对环境法体系化的要求 //040
  一、问题的提出 //040

二、中国特色社会主义法律体系的完善要求 //043

三、环境法体系的关系分析与问题揭示 //050

四、环境法体系如何应对 //056

五、结论 //072

第四章 法律绿色进路与环境法调整范围的规制价值
——以反食品浪费立法为对象 //074

一、食品浪费及其规制 //075

二、反食品浪费立法的法理基础 //084

三、反食品浪费立法的中国路径 //091

四、小结 //102

第五章 法律整合进路与环境法调整范围的保障价值
——以碳达峰、碳中和立法为对象 //103

一、引言 //103

二、层次与问题：碳达峰、碳中和推进实施的现状分析 //108

三、价值与逻辑：碳达峰、碳中和与数字技术、法治的关系协调 //115

四、模式与应用：碳达峰、碳中和的数字化模式转型及其技术原理 //121

五、制度与进路：数字碳达峰、碳中和的法治保障整合路径 //126

第六章 环境法典编纂与中国特色社会主义法律体系的完善 //138

一、环境资源法在中国特色社会主义法律体系中的地位 //138

二、中国特色社会主义环境资源立法的发展与完善 //143

三、编纂环境法典可促进中国特色社会主义法律体系的完善 //147

四、环境法典编纂的理论和实践展开与环境资源法律的
体系化 //153

五、环境法典编纂与环境资源法律体系的发展 //160

六、小结 //167

第七章 结 论 //168

主要参考文献 //172

后 记 //188

第一章

导 论

一、本书的主要背景与价值

习近平法治思想高度重视完备的法律规范体系的建设，作出了一系列重要论述，为完善以宪法为核心的中国特色社会主义法律体系提供了根本遵循和行动指南。[1]习近平法治思想的生态文明法治理论是马克思主义法治理论结合中国国情在推进生态文明建设过程中的理论创新，是植根于中华传统文化、从中国法律传统中汲取智慧和力量的理论创造，是借鉴世界文明发展和国际可持续发展研究的新成果，并在中国生态文明建设实践中实现扩展与升级

---

[1] 参见江必新："贯彻习近平法治思想 完善以宪法为核心的中国特色社会主义法律体系"，载《中国人大》2020年第24期；江必新："完善中国特色社会主义法律体系"，载《中国人大》2020年第23期。

的理论贡献。[1]在习近平法治思想的引领下,中国特色社会主义法律体系的完善和发展,不仅要紧密联系历史发展、时代演进的大背景,即联系中国特色社会主义伟大实践对法律体系形成、完善和发展的推动,还要紧密联系我国社会主义法治建设的实践对法律体系完善和发展的内在驱动。实现社会主义现代化、实现中华民族的伟大复兴,是法律体系完善和发展的根本动力;全面深化改革、确保重大改革于法有据,是法律体系完善和发展的直接动力;全面推进依法治国、建设中国特色社会主义法治体系,是法律体系完善和发展的内在动力。实践的发展赋予法律体系完善和发展以不竭的动力,法律体系的完善和发展又必将为中国特色社会主义事业的发展提供更加有力的法治保障。[2]

中国特色社会主义法律体系是在中国共产党的领导下,在坚定不移地走中国特色社会主义法治道路的过程中逐渐形成发展起来的。在新的历史起点上,进一步完善和发展中国特色社会主义法律体系,是坚持党的领导与社会主义法治相统一的根本要求,是建设中国特色社会主义法治体系的必然要求,是推进法治中国建设的基本要求。深

---

〔1〕 参见吕忠梅:"习近平法治思想的生态文明法治理论",载《中国法学》2021年第1期。

〔2〕 参见李婧:"中国特色社会主义法律体系发展动力探究",载《社会科学战线》2016年第12期。

第一章 导 论

入研究和探讨中国特色社会主义法律体系进一步完善发展的必要性，对于全面建成小康社会、全面深化改革、全面依法治国、全面从严治党具有重要的理论价值和实践意义。[1]在完善中国特色社会主义法律体系的现实背景下，需要明确环境法的调整范围与环境法学科体系，进而较为科学地划定中国环境法的调整范围。虽然2011年3月中国特色社会主义法律体系形成，但是同年10月国务院发布的《中国特色社会主义法律体系》白皮书（以下简称《白皮书》）将环境法划分成几个部分。例如，污染防治法和环境标准被划归于行政法，资源法被列入经济法，能源方面的法律亦被列入经济法。环境资源法未能单列，反而被分散到几个法律部门内，这似乎与生态文明建设的迫切性和重要性有些落差。

因此，随着2012年以来法治在国家治理方略中的地位进一步提高，十八大报告将建设社会主义法治国家作为治国理政的总体方略的同时，把中国特色社会主义事业总体布局由经济建设、政治建设、文化建设、社会建设"四位一体"拓展为包括生态文明建设的"五位一体"。[2]在

---

[1] 参见蒋青青、李婧："中国特色社会主义法律体系进一步完善发展的必要性论析"，载《思想理论教育导刊》2015年第11期。
[2] 参见吕忠梅："中国生态法治建设的路线图"，载《中国社会科学》2013年第5期。

这种背景下，环境法的发展和完善在中国特色社会主义法律体系的旗帜下获得了显著的政治和社会空间。以完善社会主义法律体系为宗旨的环境法调整范围研究，首先，有利于完善环境法学学科体系。环境法学学科到底包含哪些子学科，学界并未取得共识。对环境法学调整范围的探讨，尤其是环境法典的编撰[1]研究可凝聚学界共识，确定环境法学学科所含属的子学科，对学科结构本身，亦可能建构出新的观点。其次，有利于完善中国特色社会主义法律体系。环境法律体系目前还不是社会主义法律体系中的独立法律部门，在中国法治建设法典化浪潮的大时代，可为环境法律体系成为社会主义法律体系中独立的法律部门提供理论储备。最后，有利于促进生态文明建设、完善生态文明法律制度。坚持以习近平法治思想为指导，深入推进环境法立法理论和实践创新，才能为建设法治中国奠

---

[1] 编纂环境法典，意味着中国生态环境领域立法的法律地位上升到了国家基本典章的高度，生态环境领域法律的作用范围更加广泛，立法的体系性、科学性大大增强。环境法典编纂具有作为推进生态文明体制改革工具的政治意义，要深刻领会习近平法治思想中的生态文明法治理论，以实现中华民族永续发展为价值目标，彰显以人民为中心的法治立场；选择适度法典化编纂路径，推动形成具有中国特色的生态文明建设新模式；采取整体性逻辑构架，着力构建"绿水青山就是金山银山"的法律制度体系；将可持续发展作为基础概念和主线，构建人类命运共同体的中国方案。参见吕忠梅："为中华民族永续发展编纂环境法典"，载《人民论坛》2021年第24期。

定坚实的基础。[1]而无论是环境法学学科体系探讨，还是中国特色社会主义法律体系建设，二者的根本目的都是解决环境问题，促进生态文明发展。

二、本书的文献综述

本书涉及"社会主义法律体系"和"环境法调整范围"两个关键词，直接包含这两个关键词的研究，目前较少。但近似研究较多，并主要体现在两个阶段。

第一，20世纪90年代对环境法与资源法关系的讨论，将环境法与资源法的关系分为三种，即"环境保护说"[2]"环境与资源保护说"[3]"环境与资源法融合说"[4]。例如，20世纪70年代末和80年代初，我国先后出现了环境法、自然资源法、国土法的概念。这方面的立法也在近些年得到了较大的发展。环境法亦称环境保护法，是调整人

---

[1] 参见冯玉军："完善以宪法为核心的中国特色社会主义法律体系——习近平立法思想述论"，载《法学杂志》2016年第5期。

[2] 参见韩德培："我们所需要的'法治'"，载《法学评论》1995年第4期。

[3] 参见金瑞林："环境侵权与民事救济——兼论环境立法中存在的问题"，载《中国环境科学》1997年第3期。

[4] 参见沈宗灵："再论当代中国的法律体系"，载《法学研究》1994年第1期；马骧聪："关于环境法、自然资源法和国土法的思考"，载《法学研究》1989年第6期；姜建初："论我国自然资源法的几个问题"，载《法制与社会发展》1995年第1期；杜群："论社会主义市场经济与环境保护的协调"，载《社会科学》1993年第4期。

们在开发、利用、保护和改善环境的过程中发生的各种社会关系的法律规范的总和。环境是指人类赖以生存的环境，即以人类为中心的外部物质世界，主要包括土地、大气、水、森林、草原、矿产、海洋、野生动物和植物、自然保护区等自然环境因素和城市、乡村、风景名胜等经过人类改造的人为环境因素。[1]

第二，生态文明列入"五大文明"建设后，从生态文明法治保障角度对环境法律体系不足及完善的思考。例如，修改后的法律应该是将生态文明建设摆在国家"五位一体建设总布局"突出位置、具有生态法特征的综合性法律。[2]再如，构建生态文明建设法律保障体系，从法律框架体系上，应当制定以生态文明建设基本法或环境保护基本法为龙头，以污染防治、资源保护、生态保护、资源和能源节约法为分支的完整体系，在所有立法中贯彻生态优先、不得恶化、生态民主、共同责任的基本原则，并分别从预防、管控、救济三个维度建立起完善的生态文明建设

---

[1] 参见马骧聪："关于环境法、自然资源法和国土法的思考"，载《法学研究》1989年第6期。

[2] 参见蔡守秋："论修改《环境保护法》的几个问题"，载《政法论丛》2013年第4期；王灿发："论生态文明建设法律保障体系的构建"，载《中国法学》2014年第3期。

法律保障制度。[1]

而"调整范围"是一种外部视角,与此紧密相关的是从内部视角学理层面的对环境法学调整对象的争论,即环境法是仅调整人们在保护、改善环境和开发、利用资源的过程中所产生的社会关系[2],还是也调整人与自然的关系[3],以及更深入的环境法学核心范畴的建构——"环境权利说""环境义务说"[4]"环境利益说"[5]"法权结构论"[6]。总

---

[1] 参见王灿发:"论生态文明建设法律保障体系的构建",载《中国法学》2014年第3期。

[2] 参见王灿发:"我国自然资源立法对自然保护的局限性分析——兼论自然资源法与自然保护法的相互关系",载《环境保护》1996年第1期;李艳芳:"关于环境法调整对象的新思考——对'人与自然关系法律调整论'的质疑",载《法学家》2002年第3期;李爱年:"生态保护立法体系存在的问题及完善的建议",载《中国人口·资源与环境》2002年第5期;曹明德:"论生态法律关系",载《中国法学》2002年第6期;王树义、桑东莉:"客观地认识环境法的调整对象",载《法学评论》2003年第4期;常纪文:"再论环境法的调整对象——评'法只调整社会关系'的传统法观点",载《云南大学学报(法学版)》2002年第4期;吕忠梅:"中国需要环境基本法",载《法商研究》2004年第6期;王社坤:"论环境法的调整对象",载《昆明理工大学学报(社会科学版)》2009年第9期。

[3] 参见蔡守秋、万劲波、刘澄:"环境法的伦理基础:可持续发展观——兼论'人与自然和谐共处'的思想",载《武汉大学学报(哲学社会科学版)》2001年第4期;李挚萍:"试论法对人与自然关系的调整",载《中山大学学报(社会科学版)》2001年第2期。

[4] 参见徐祥民:"极限与分配——再论环境法的本位",载《中国人口·资源与环境》2003年第4期。

[5] 参见巩固:"私权还是公益?环境法学核心范畴探析",载《浙江工商大学学报》2009年第6期。

[6] 参见史玉成:"环境法学核心范畴之重构:环境法的法权结构论",载《中国法学》2016年第5期。

之,调整对象、调整方法与调整机制的具体设定和核心范畴建构的差异,会影响作为外部表现的环境法律所调整的范围,进而影响环境法律体系的结构与组织,以及具体制度的设计和制度之间的逻辑关系。

三、本书的主要思路与方法

本书的研究思路主要为:从社会主义法律体系的性质、内涵对环境法体系的需求出发,研究环境法调整范围与环境法学科体系完善,进而对中国环境法的调整范围进行划定,如图1-1所示。

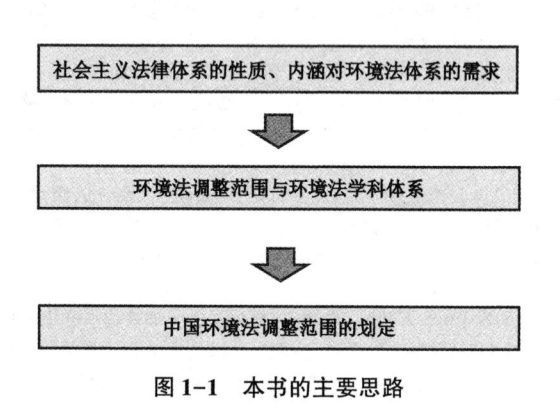

```
┌─────────────────────────────────────┐
│ 社会主义法律体系的性质、内涵对环境法体系的需求 │
└─────────────────────────────────────┘
                  ↓
┌─────────────────────────────────────┐
│      环境法调整范围与环境法学科体系          │
└─────────────────────────────────────┘
                  ↓
┌─────────────────────────────────────┐
│         中国环境法调整范围的划定            │
└─────────────────────────────────────┘
```

图1-1 本书的主要思路

本书的研究方法主要涉及以下几个方面的内容:

第一,归纳与演绎方法。通过对现有理论的梳理分析,归纳环境法律体系是按照什么样的价值与逻辑构建的，中国既有环境法律的相关关系梳理，中国现有环境法律存在的问题，中国应立而未立的法律清单以及现有法与未来法的沟通与协调问题。最后梳理和再讨论中国环境法的调整范畴。

第二，比较研究方法。本书将采取多种渠道收集外国资料，主要包括主要国家环境法律体系的构成及特点尤其是《法国环境法典》和《德国环境法典（草案）》。在数据收集整理的基础上，对相关领域的资料作出分析整理。

四、本书的主要内容与创新点

（一）本书的主要内容

如果以环境法律体系成为社会主义法律体系中的一个单列法律部门为目标，贯彻落实生态文明建设，那么我国环境法的法律发展将会出现一个质的飞跃。在这一背景之下，本书的主要内容大概涉及以下几个方面：

第一，现有中国环境法的体系梳理与问题揭示。其中主要包含：其一，对中国既有环境法律的相关关系进行梳理与剖析，拟将能源法纳入其中。其二，总结中国现有环境法律存在的问题。如法律的部门法、碎片化、法条冲突等。其三，中国应立而未立的法律清单，并阐释是基于什么样的价值和法律技术安排而列出该清单的。其四，现有法律体系中的法律与未来环境法律部门中相关法的沟通与协调问题。

第二，中国环境法学研究与环境法的体系研究。其一，中国环境法律调整对象、调整方法与调解机制的深化研究。调整对象、调整方法、调整机制是区分部门法的标准，中国环境法学在调整对象上有较大争议，同一阵营内部亦有不同观点，因此应进一步深化研究，凝聚共识。其二，中国环境法学核心范畴的梳理与再讨论。中国环境法学目前还未建立起共识性理论"硬核"，环境法学学科要成为社会主义法律体系中的独立法律部门，必须建立能为整个法学界认同的学科核心范畴。其三，中国应然的环境法律体系逻辑关系的阐发与建构。阐明环境法学的研究对象，发掘其核心，建立层次清晰、逻辑严密的环境法律体系，并解决环境问题。

(二) 本书的重点

第一，中国环境法律体系的构成。以独立的环境法律部门为目标，中国环境法律体系应由基本法（将来发展成总则）和具体部门法构成，具体部门法中，气候变化法、能源法、外层空间利用中涉及环境与资源的部分应涵括其内。

第二，中国环境法律部门法内部类似要素的抽象与概括问题。目前的法律过于庞杂，法学上的抽象与概括是环境法律删繁就简的必由之路。

(三) 本书的难点

第一，环境法体系的价值理念问题，即以什么样的价值理念和内在逻辑将环境法律构建成一个令人信服的法律体系问题。

第二，环境基本法的内容核定问题，即在环境法律体系中，总论部门（环境基本法）的内容核定问题。

第三，内部要素之间的边界问题，即在具有交叉性的法律中，属于环境法律属性的部分与其他属性部分的界限问题，特别是在实施中的承接问题。

(四) 本书的主要创新点

第一，从社会主义法律体系完善的角度谈论环境法的调整范围。相较于从生态文明的法治保障等角度而言，虽然都属于环境法的法律发展研究，但该视角本身就是一种研究视野的转换，具有新颖性；更重要的是，这种视野转换可以为环境法律体系成为社会主义法律体系中的一个独立法律部门提供理论上的知识储备。

第二，中国环境法学内部体系性的逻辑自洽问题。依据目前的法学理论，中国的环境法律体系与民法、刑法有巨大差别，即使如此，它也应是一个逻辑自洽、脉络清晰、与其他法律部门勾连有度、承接顺畅的统一体，如何在学理上发明一套学术话语来证成这一点，是一个巨大的挑战。本书如果能在此方面略有收获，无疑是一大亮点。

第二章

法律调整对象与环境法调整范围的实质解释

一、法律调整的基本原理

根据什么原则确定一门科学的对象？恩格斯说："每一门科学都是分析某一个别的运动形式或一系列互相关联和互相转化的运动形式的。"毛泽东说："科学研究的区分，就是根据科学对象所具有的特殊的矛盾性。因此，对于某一现象的领域所特有的某一种矛盾的研究，就构成某一门科学的对象。"例如，数学中的正数和负数，物理学中的阴电和阳电，社会科学中的生产力与生产关系等。[1]而法学的研究对象为法现象，所要解决的主要问题应是论

---

[1] 参见陈春龙："关于我国法学研究对象问题的两次大讨论"，载《中国法学》1984年第2期。

证法理、法条、法案这三个层面、三种状态、三种形式的法现象之存在的正当性、合理性和合法性及其相互间的内在联系。与其他人文社会科学相比较，除以法现象为研究对象能体现法学的特殊性之外，以推论作为其基本的研究方法，更能彰显法学学科的独特性。[1]

上述的法学研究对象，与法律调整对象存在明显的不同。理论上的研究对象，是一种应然的对象，与法学家们的抽象总结密不可分；而法律调整对象则是一种实然的对象，往往受到人们的社会生活、生产行为、政治环境以及国家立法政策与治理机制等方面的影响。例如，在法律对社会关系的调整中，法律关系是一项重要的法律手段。我们的立法，其实是要拟制出社会关系的模式，即法律关系的形式，由此才能作用于社会关系，将社会关系纳入法律调整的系统；在法律实施中，法律的要求最终通过法律关系的形式变为现实的社会关系。[2]而针对社会中的每个具体个人建立一个义务体系，是不可能的。如果可能，这个义务体系，显然也是没有意义的。因此，大多数立法者制定的法律，在双重意义上是普遍的：其一，普遍性地要求

---

[1] 参见肖海军：" 从法学的研究对象与论证思路看法学研究方法"，载《时代法学》2016年第6期。
[2] 参见黄建武：" 法律关系：法律调整的一个分析框架"，载《哈尔滨工业大学学报（社会科学版）》2019年第1期。

第二章　法律调整对象与环境法调整范围的实质解释

或禁止一类行为；其二，对全社会成员是有约束力的，或者至少对其中某些社会成员是有约束力的。[1]

从历史上看，中华人民共和国成立初期，法律调整理论缺少独立性，成为国家政治理论的一部分。改革开放后，面对当时的社会主要矛盾，改革优先、法治附随成为这一时期法律调整理论的基本特点。新时代背景下，面对社会主要矛盾的变化，法治优先、改革附随成为该时期法律调整理论的鲜明特征。纵观 70 多年的理论发展，法律调整理论正在发生深刻转变：在研究立场上，正在由传统国家统治立场向现代依法治理立场转变。在功能定位上，正在从社会调整一般机制理论向社会调整主导机制理论转向。在调整机制上，正在从注重秩序建构的单向功能研究向秩序建构与正义实现并重的双向功能研究推进。[2] 从法理学的视角来看，法律调整是指国家或者经过国家认可的法律规范，在主体法律意识或者国家强制力量的保障下，自发地或者强制地作用于主体间以及主体与客体间交往关系的过程。法律调整机制是法律调整的逻辑基础，它是指

---

[1]［英］约翰·奥斯丁：《法理学的范围》，刘星译，中国法制出版社 2002 年版，第 29 页。
[2] 参见贾建军："论法律调整理论的时代流变"，载《山西师大学报（社会科学版）》2019 年第 5 期。

法律规范作用于事实世界的根据、原理、程序和方法。[1] 法律调整要通过其对象和方式来实现，而法律因应的调整方式分别是：放任性调整、导向性调整、奖励性调整和制裁性调整。[2] 从实体法与程序法的关系来讲，司法既是法律调整和运行的重要过程与环节，同时也是法律调整和运行的最后阶段和最终环节。

对于环境保护法的调整对象，存在着两种观点，即环境保护法调整人与人之间的社会关系，还是不通过调整人与人之间的社会关系就可以直接调整人与自然（环境）之间的关系。[3] 认为环境保护法直接调整人与自然（环境）关系的观点，有三点不妥：其一，违背了法学的基本原理，混淆了法律规范与技术规范的界限；其二，否认了人的主观能动性；其三，把人之子系统与生态大系统对立了

---

[1] 法律调整机制是描述和解释法的动态运行与功能实现的一个基本而重要的理论范畴。但长期以来不同领域的学者基于各自的研究旨趣、哲学前提和学术理路，形成了责任实现论、规范运行论、逻辑基础论、规范运行和逻辑基础结合论、正义实现论和调整机制泛化论六种主要观点。参见蒋春华："法律调整机制的认知分歧与弥合——一个人工系统功能实现视角下的思考"，载《广东社会科学》2019年第5期。

[2] 参见谢晖："论法律调整"，载《山东大学学报（哲学社会科学版）》2003年第5期。

[3] 有学者认为，环境保护法能够调整人与自然的关系。参见郭红欣："环境保护法能够调整人与自然的关系——兼与李爱年教授商榷"，载《法学评论》2002年第6期。

第二章 法律调整对象与环境法调整范围的实质解释

起来。[1]

正确认识环境法的调整对象是正确适用环境法律规范的基本前提。传统法学理论关于法律调整对象的基本学说，可以通过对环境法调整对象基本特征的分析和对环境社会关系同人与自然关系之联结及其辩证关系进行探析。[2]环境法的调整对象是环境法学的一个基础性理论问题。环境伦理并不能为环境法调整"人与自然"的关系提供充足的论据，而且在现实法律形态下也存在诸多障碍。[3]学界对环境法调整对象的分歧，根本上源于对"法"概念的不同认识，建构可持续发展思想指导下的环境法律体系是更为务实的选择。[4]环境道德和生态伦理主张"人与自然和谐共处"的思想，与"人类中心主义"和"自然中心主义"有着本质区别。传统发展伦理观不符合"人与自然和谐共处"的思想，不利于社会的可持续发展。可持续发展观的灵魂在于人与环境相融、和谐的意识，以及在生态法则和道德法则衡平基础上的新的环境价值观念和伦理道德，可

---

[1] 参见李爱年："环境保护法不能直接调整人与自然的关系"，载《法学评论》2002年第3期。

[2] 参见王树义、桑东莉："客观地认识环境法的调整对象"，载《法学评论》2003年第4期。

[3] 参见周青、王俊："我国环境法学界的环境伦理价值审视"，载《广西社会科学》2008年第4期。

[4] 参见钱水苗："环境法调整对象的应然与实然"，载《中国法学》2003年第3期。

以实现生态法则与道德法则的衡平,这种衡平乃环境法价值理念的伦理基础。[1]

二、环境法的调整范围与调整对象辨析

(一)调整范围与调整对象的区别

空气和水的污染、城市拥挤以及其他令人担忧的情况都是老问题,导致始终存在着呼吁回归自然的声音。但是从 1960 年开始,这种呼声变得更为强烈。真正的毁灭的意识开始笼罩着这一小而有限的世界。大企业正在污染河流和向天空排放黑烟;伐木公司正在砍伐不可再生的森林;城市驾车正把大量的废气倒进湖泊和海洋;高速公路上的工程师正通过美国人的心脏与文化遗产断片铺设混凝土道路。[2]环境就是人们生活着的自然过程,尽管人们的确靠自然生活。环境是被体验的自然、人们生活其间的自然。[3]面对环境破坏与资源枯竭的困境,传统自然资源法的调整理论已难以彻底解决当今日益突出的人类与资源的

---

[1] 参见蔡守秋、万劲波、刘澄:"环境法的伦理基础:可持续发展观——兼论'人与自然和谐共处'的思想",载《武汉大学学报(哲学社会科学版)》2001 年第 4 期。

[2] [美]劳伦斯·M. 弗里德曼:《美国法律史》,苏彦新等译,中国社会科学出版社 2007 年版,第 757 页。

[3] [美]阿诺德·柏林特:《生活在景观中——走向一种环境美学》,陈盼译,湖南科学技术出版社 2006 年版,第 11 页。

第二章 法律调整对象与环境法调整范围的实质解释

矛盾。由于自然资源法的根本目的是高效且可持续地利用自然资源价值,所以自然资源法的调整对象应该建立在自然资源的两种价值形式———经济价值与生态价值之上,故自然资源法的调整对象应该是自然资源实现经济价值时的社会关系与自然资源实现生态价值时的自然关系。[1]而法律调整对象包括民法、环境法的调整对象这种法学用语,本身并不具有严格的规范性功能或意义。[2]法律调整的是人与人之间的社会关系,以及这种社会关系背后所反映的利益,并不是所有的利益都要进入法律的调整范畴。[3]环境法调整对象作为揭示环境法与社会之间关联的一个学术范畴,处于环境法本体论的视域与调整范围之内,即调整对象理论承载着关于环境法本体范围的相关知识。也就是说,环境法的调整范围与调整对象相互交织,在属性上表现为形式与内容的关系。就环境法调整对象的形态而言,可分为应然层面与实然层面。在国家正式制度层面环境立法调整范围中所体现的调整对象系实然层面,[4]是在

---

[1] 参见姜渊:"对自然资源法调整对象的思考",载《湖北社会科学》2013年第8期。
[2] 参见孙莹:"民法调整对象的属性及其意蕴研究",载《西南政法大学学报》2013年第2期。
[3] 参见史玉成:"加强对生态利益的法律调整",载《中国社会科学报》2014年2月26日。
[4] 参见孙莹:"民法调整对象的属性及其意蕴研究",载《西南政法大学学报》2013年第2期。

环境法规范形式基础上的实际状态。

在完善社会主义法律体系的背景下,虽然中国特色社会主义法律体系已形成,但相较十八届四中全会、五中全会提出的"坚持立法先行""坚持法治建设为了人民、依靠人民、造福人民、保护人民""坚持创新、协调、绿色、开放、共享的发展理念"等时代要求,尚有差距,亟须完善。而弘扬以人为本的精神并用之指引和推进我国重点领域立法,有助于完善中国特色社会主义法律体系,有助于贯彻落实十八届四中、五中、六中全会精神。[1]例如,在环境法典编撰过程中,需要注意在中国进入新时代后,生态文明建设和环境治理体系现代化对环境立法提出了更高要求。而改革开放40多年来,环境立法在数量迅速增长、修法十分频繁的同时,也逐渐暴露出诸多问题。立法体系不适应导致环境立法整体性不强,立法方式不适应导致环境立法协调性不够,立法程序不适应导致环境立法权威性不足,由此导致环境立法碎片化问题较为显著,并使得法律实施遭遇困难。[2]这种立法上的需求即法律调整范围的变更与完善。通过环境法典的编撰以及体系化构建,适度

---

[1] 参见陈俊:"推进重点领域立法、完善中国特色法律体系之探讨",载《复旦大学法律评论》2017年第2期。

[2] 参见吕忠梅:"环境法典编纂:实践需求与理论供给",载《甘肃社会科学》2020年第1期。

回应实践中的新兴调整对象，促进作为调整范围内的相当数量的生态环境保护方面的单项法，与作为研究对象内的生态环境法律范畴体系融合，使得环境法研究对象以及环境法治实践更加丰富，回应经济社会发展对环境法典的需求强劲。[1]

(二) 调整范围与调整对象的联系

环境法的调整对象是正确适用环境法律规范和解释环境法调整范围的基本前提。环境法的调整对象是环境社会关系，以及其体现出的人与自然关系之联结及其辩证关系。[2]我国法学界关于环境资源法的调整对象有"社会关系说""人与自然关系说""环境资源行为说"和"调整论"等多种观点。例如，"人与自然关系说"认为法的意志性可施加于自然，而"环境资源行为说"认为法是调整行为而非关系的。[3]在"调整论"中，环境资源法对人与自然关系的调整，是指环境资源法根据社会经济规律和自然生态规律，根据人与自然关系的不同类型、特点和社会需要，设立相应的权利、义务、规则和制度去调整人与自

---

[1] 参见吕忠梅："环境法典编纂：实践需求与理论供给"，载《甘肃社会科学》2020年第1期。
[2] 参见王树义、桑东莉："客观地认识环境法的调整对象"，载《法学评论》2003年第4期。
[3] 李永宁："试论环境资源法的调整对象"，载《理论导刊》2008年第6期。

然的关系。[1]进而,在调整论中的法律调整范围可以随着实然的发展变化而进行拓展。对外来物种入侵的法律调整机理加以研究,不仅有助于理解关于环境法可以调整"人—自然"关系之"调整论"的可贵之处,也能有效应对野生动物外来物种入侵问题。具体来看,基于不同的调整对象,对环境法的调整范围需要进行实质解释,可以借鉴美、日等国家的有益经验,及时修改《野生动物保护法》等立法,健全完善由外来物种的分类管理、风险评估、引进和放生许可、监测预警、应急反应等组成的制度体系。同时,还应当修改《民法典》侵权责任法编中的相关内容,将生态破坏侵权纳入统一的环境侵权责任制度,修改《刑法》中的相关内容,创设破坏生态罪的新罪名。[2]

总之,环境法的调整对象和调整范围,在法的保护对象和法的实践中存在着交织。环境法的调整对象,在理论

---

[1] 从广义上讲,调整论是关于法律既调整人与人的关系又调整人与物(包括环境、自然资源和大自然)的关系的各种观点的总称。由于和谐社会包括人与人和谐及人与自然和谐两个方面,环境友好社会的主要特征是人对环境友好即人与自然和谐,而调整论是有关法律应该、能够和如何调整人与自然关系的理论,因而被称为建设和谐社会、环境友好社会的法学理论。参见蔡守秋:《调整论——对主流法理学的反思与补充》,高等教育出版社2003年版,第15页;蔡守秋:"建设和谐社会、环境友好社会的法学理论——调整论",载《河北法学》2006年第10期。

[2] 参见杨朝霞、程侠:"我国野生动物外来物种入侵的法律应对——兼谈对环境法'调整论'反思的反思",载《吉首大学学报(社会科学版)》2016年第2期。

层面主要涉及法的保护对象,涉及保护的主体、客体、权利、利益、价值等,而环境法的调整范围,在体系化构建和法的实践层面,主要涉及法律所确立、维护、发展的社会关系、秩序等。[1]环境法的调整对象与调整范围,承载着环境法本体范围的相关知识,在实践属性上也表现为形式与内容的关系,需要历史性地考察,也需要现实性地把握,需要通过解释技术与方法恰当考量环境法调整范围的抽象性和具体性。

三、环境法调整范围的实质解释

(一)调整范围的解释论基础

法律的三个一般和重要的特点是,法律是规范的、制度化的、强制性的。法律是规范性的,因为它服务于,或者说它指导着人类的行为。法律是制度化的,因为它的适用和法典化在很大程度上通过特定制度来实现或者规定。法律是强制性的,因为服从法律,以及法律的适用,最终是由国家强力提供内在保障。

自然地,每一种法律体系的理论都必须与对这三个特点的解释相一致。由于它们的重要性,需要期待着每一种

---

[1] 参见文同爱:《生态社会的环境法保护对象研究》,中国法制出版社2006年版,第13页。

法律体系的理论都能解释法律的这三个特点，至少是部分地解释，因为这些特点对于法律来说至关重要。[1]

一般认为，相对自治和法律术语中的内在法律，立法的可控性问题，法律功能的专门性问题，法律对社会影响的接受性，法律由某些团体所掌握的权力价值，法律理性化和自治化的程度，以及必需的工作、实践、成本、智识的耗费，都是法社会学中的核心范畴与实质要素。法律制度、法律格言、规范、论证规则等在功能上简化为与系统相关的问题。也就是在此，法律理论具有了功能上的抽象性，涉及法律教义的"朴素式"的运用与解释。[2]

例如，从解释论出发，环境问题是人类活动及其影响超出环境承受能力的极限所造成的后果。解决环境问题最根本的办法是分配，即把有限的环境资源在人类广泛的欲求之间做"相持而长"的分配。这种资源分配不同于收益分配，它体现的基本精神是义务。把体现义务精神的分配方法引入环境立法，必然导致环境法由传统的权利本位转变为义务本位。环境法不得不采用资源分配的办法，以义

---

[1] [英] 约瑟夫·拉兹：《法律体系的概念》，吴玉章译，中国法制出版社 2003 年版，第 4 页。

[2] [德] 尼古拉斯·卢曼：《法社会学》，宾凯、赵春燕译，上海人民出版社 2013 年版，第 61~62 页。

第二章 法律调整对象与环境法调整范围的实质解释

务为本位,这是由环境这种特殊的物质条件所决定的。[1]

(二) 调整范围的实质解释及其核心要素

第一,人的解释要素。只要法律作为一个规范或规范性的秩序,是发生在时间和空间的人类行为中某些举动的特殊意义,而法律秩序只有在它所规定的人类行为大体符合这个规范性的秩序时才被认为有效,那么我们就可以从论文到法律现实了。[2]而环境法调整范围中的现实中的人的实质要素,需要在前述法律调整对象和制定法合理目的中进行解释。传统法的社会法律关系中社会的空间场域扩张和关系主体的时间场域扩张,显示出对人的模式预设的不足,环境法上人的研究必须在反思"主体人"思维模式的基础上,主张一种同时承认各种承载主体的主体性和能动性的"生态人"理念,从而建构环境法上的生态人模式。[3]

环境法调整范围意义上人的解释要素,需要明确法律主体参与到某一法律关系当中,便成为该法律关系的主体。然而,法律主体一旦确立其法律地位,其存在的正当

---

[1] 参见徐祥民:"极限与分配——再论环境法的本位",载《中国人口·资源与环境》2003年第4期。
[2] [奥]凯尔森:《共产主义的法律理论》,王名扬译,中国法制出版社2004年版,第20页。
[3] 参见谈珊、胡鑫:"环境法框架下关于'人'的研究",载《中华环境》2020年第8期。

性就不以具体、特定的法律关系为依托了。人作为法律主体，在法律关系中是主体，即使其未参与任何的法律关系，他的法律主体地位也始终没有改变，从中可以看出法律主体与法律关系主体之间的区别。法律主体注重抽象的资格，是表明一种法律地位的符号；而法律关系主体，则是这种抽象的资格在具体的法律关系中的体现。[1]

对于立法者和释法者而言，要计算出什么对当事人和整个社会是善的极为困难。因此，人们需要依赖于传统，甚至在特殊情况下，人们一般也要趋近达致人际、法际冲突间的最优解决方案。既定法律方法是这一传统中极为重要的一个组成部分，人们拒绝它时应当谨慎。[2]进而，自然为人类提供的利益可分为经济性利益与生态性利益。自然的经济性利益易于分割，易转化为法律上的财产权利。而自然的生态性利益是一种整体性、保障性的利益，无法转化为具体的法律权利。生态性利益的保护是财产权利存在的前提，保护自然因此构成财产权利的内在要求。因此，界权论主张环境法本质上是对现有财产权利体系进行重新界定之法，通过将生态要素注入现有财产权利体系，

---

[1] 参见陈泉生等：《环境法哲学》，中国法制出版社2012年版，第230页。

[2] [瑞典]亚历山大·佩策尼克：《论法律与理性》，陈曦译，中国政法大学出版社2015年版，第385页。

第二章 法律调整对象与环境法调整范围的实质解释

调整现有权利边界,使自然的经济性利益与生态性利益实现平衡。[1]

第二,环境行为的解释要素。"法"或"规则"等词的许多比喻使用,暗示了如下一些类比。一个命令意义上的法或规则,指引履行义务的人的行为。或者,这种法或规则是一个标准、尺度或规矩,义务者的行为,应该是与其相互一致的。在这个意义上,一项被提出来的人类行为标准,或者,一个被提供出来的尺度或规矩,时常被描述为约束行为的法,或者规则,尽管在这种情况中并不存在一个制裁或一个义务的迹象。[2]在更新法律行为的观念背景下,需要充分认识市场经济条件下法律行为的市场特征。在计划经济体制下,人们的行为动机是简单地完成任务,行为的普遍特征是简单地服从或应付。而在市场经济条件下,经济主体的行为动机是利益追求,营利性是市场行为的典型特征。行为特征的转变,要求法律转换调整机制。[3]

在环境法调整范围中的行为要素中,环境行为对环境

---

[1] 参见梁忠:"界权论:关于环境法的另一种解释",载《中国地质大学学报(社会科学版)》2019年第2期。

[2] [英]约翰·奥斯丁:《法理学的范围》,刘星译,中国法制出版社2002年版,第198页。

[3] 朱景文主编:《对西方法律传统的挑战:美国批判法律研究运动》,广西师范大学出版社2004年版,第334页。

法学界而言，是一个既熟悉又陌生的概念。对于环境行为模糊意义上的大量使用，似乎淡化了对其研究的必要性。然而对于环境行为，各个学科领域对其的称谓并不统一，使用时的意义并不一致，以及环境法学本身对其缺乏基础性研究，因而使得对环境行为的界定成为环境法学界的一个难点。[1]对环境法调整对象的研究应该首先界定人与环境关系的内容、种类及其相互关系，然后再界定在此基础上产生的人与人之间的环境社会关系。[2]人与环境的关系可以概括为人对环境的利用关系。从人类利用环境的目的出发，并结合环境外在价值类型，人对环境的行为利用表现为两类，即本能性利用与开发性利用。作为环境法调整对象的社会关系可以称为环境利用关系，主要包括两个方面：一是各类环境利用人之间由于环境利用而产生的关系；二是由于国家对环境利用的介入而形成的国家和环境利用人之间的社会关系。[3]

---

〔1〕 参见张祥伟、李翠平："环境行为研究——'界定之难'和'研究价值'之探讨"，载《泰山学院学报》2017年第4期。

〔2〕 有学者认为，人的行为并不一定与他人的行为相互联系从而形成社会关系。环境行为是作用于自然环境的行为，并形成人与自然环境的关系；人与自然环境的关系不是也不能视为人与人的关系，所以，法律不能调整人与自然环境的关系。法律能够调整的只是环境行为及其与其他行为的关系，以此促进人与自然环境的关系的和谐和与自然环境有关的人与人的关系的和谐。参见楚道文："论环境行为的法律调整"，载《北方论丛》2011年第3期。

〔3〕 参见王社坤："论环境法的调整对象"，载《昆明理工大学学报（社会科学版）》2009年第9期。

第二章　法律调整对象与环境法调整范围的实质解释

第三，关系维度的解释要素。复杂多变的社会经常会对依法办事的思维模式提出挑战，因而很多人主张引入其他社会规范，甚至更复杂的语境因素来弥补法律规范的单调性缺陷。然而，这存在着使人们的思维陷入以复杂调整复杂的危险。社会关系本就很复杂，如果再引入更复杂的社会规范、语境因素等，法律规范可能会失去权威地位。如果任凭简单的依法办事思维模式蔓延，又会导致机械司法、执法的盛行。如何克服简单依法办事的缺陷，系统、准确、恰当的法律思维模式是十分重要的理论与实践议题。面对复杂多变的社会，法律调整的基本模式和方法是"以简约应对复杂""以不变应万变，万变不离其法"，只有这样才能使法治得到最大限度的实现。[1] 在环境法领域，法律作为人类的创造物，是属于人类社会和服务于人类社会的，它的全部功用都在于调整人类的社会关系。当然，从更大、更远的历史背景上思考，人类自身的各种关系中是包含着自然的因素的，人的社会关系也可以从自然的角度加以理解，在人类的社会科学发展史上，我们也常常见到关于人类社会关系的机械论图式。但是，就法律而言，它从未在自然的意义上来看待人的社会关系，即使对

---

[1] 参见陈金钊："法律如何调整变化的社会——对'以不变应万变'思维模式的诠释"，载《扬州大学学报（人文社会科学版）》2018年第5期。

于人的自然关系（比如血缘关系）也是从社会的视角进行的分析。[1]按照传统的法学观点，制定和实施环境法的目的是利用环境的外在价值，确认和保护人类自身的利益，因此环境法的调整对象只能是人与人之间关于环境的社会关系。但是，环境的内在价值和外在价值是统一的，两者存在共损共荣的关系。承认和保护环境的内在价值对于保护人类自身的利益、维护其他物种在自然法则面前的平衡发展是非常必要的。人类作为地球上唯一具有理性思维的生物应该用法律来确认和保护这种价值。用法律来确认和保护这种价值的最好方法是承认环境法可以调整生物与环境的关系。[2]基于环境法调整的是行为导致的环境资源关系中的能量分配与交换，以及社会关系中需要选择的结果这些考量，应当将环境法作为一个新兴的、独立的法律部门，调整环境资源的开发利用（环境的经济价值）和享用（环境的生态价值）产生的社会关系。[3]

第四，环境利益与生态法益的解释要素。环境法学的核心范畴应为公众环境利益，其在本质上是一种生态法益

---

[1] 参见李艳芳："关于环境法调整对象的新思考——对'人与自然关系法律调整论'的质疑"，载《法学家》2002年第3期。

[2] 参见常纪文："再论环境法的调整对象——评'法只调整社会关系'的传统法观点"，载《云南大学学报（法学版）》2002年第4期。

[3] 参见胡静：《环境法的正当性与制度选择》，知识产权出版社2009年版，第261页。

第二章 法律调整对象与环境法调整范围的实质解释

保护而非仅仅是权利的保护。[1]只有从环境公益出发,坚持公益视角,才能正确解释环境法的诸现象,环境法学才能证明其独立性并构建出独特理论体系,环境法治才能从根本上解决环境问题。[2]通过表征或体现为权利的环境利益要素,在环境法调整范围中占据着重要的地位。环境法学相对于主流法学的疏离存在是客观事实。导致环境法学在发展过程中从"并进"到"后进"有多种因素,既有来自知识外源型研究范式的影响,[3]也有环境法学自身方法论的泛技术化、环境法实践的行政管理化以及政策化等因素对法学内涵的不断消减,对此应通过环境法上的利益澄清,明确环境法学回归的逻辑起点。[4]环境利益是环境时代的利益形态,是人类利益的重要组成部分。基于中国社会转型背景,通过环境权理论假说来揭示环境利益的构成与实质,即环境利益是一种区分的利益形态,不是泛道德化的利益请求与公共利益的大词哲学。具体来看,即环

---

〔1〕 焦艳鹏:"生态文明视野下生态法益的刑事法律保护",载《法学评论》2013年第3期;焦艳鹏:《刑法生态法益论》,中国政法大学出版社2012年版,第22页。

〔2〕 参见巩固:"私权还是公益?环境法学核心范畴探析",载《浙江工商大学学报》2009年第6期。

〔3〕 参见史玉成、郭武:《环境法的理念更新与制度重构》,高等教育出版社2010年版,第23页。

〔4〕 参见张璐:"环境法学的法学消减与增进",载《法学评论》2019年第1期。

境利益的法律结构包括环境利益表达、环境利益确认、环境利益保护与限制和环境利益增进四个方面。[1]

环境法的法益暗含着重要问题,借助法益分析方法,可以为衡平不同类型的环境利益、合理配置环境权利与环境权力提供新的视角。环境法的消极保护法益即应受环境法保护的环境利益可以界分为资源利益和生态利益,环境法的积极保护法益即环境权利与环境权力可以界分为实体生态性环境权利和资源性环境权利、程序性环境权利以及作为公权力的环境权力。[2]

环境利益的本质在某种意义上决定着环境法的本质及制度构建。拨开环境利益论争的迷雾就会发现,在关系意义上,环境利益就是良好的自然环境对人之人身利益和财产利益安全保障需要的一种满足。在客体意义上,环境利益就是良好的自然环境。环境法学中的环境利益指的是客体意义上的环境利益,其在本质上属于安全利益,具有整体性、秩序性、本底性和反射性。[3]具体来看,以法律手段推动生态文明建设的核心在于实现法律对环境利益的全

---

[1] 参见杜健勋:"从权利到利益:一个环境法基本概念的法律框架",载《上海交通大学学报(哲学社会科学版)》2012年第4期。
[2] 参见史玉成:"环境利益、环境权利与环境权力的分层建构——基于法益分析方法的思考",载《法商研究》2013年第5期。
[3] 参见刘卫先:"环境法学中的环境利益:识别、本质及其意义",载《法学评论》2016年第3期。

第二章 法律调整对象与环境法调整范围的实质解释

面、有效的保障,这需要对环境利益的存续状态加以区分并有针对性地设置相应的调整机制。在构建"以环境利益的强保障状态为主、弱保障状态为辅"的分层次、有针对性的环境利益法律保障体系过程中,在立法层面,应明确确认环境利益及其优先保护原则、围绕环境利益的保障展开法律制度的构建并进一步完善环境利益的强保障手段;在司法层面,建议应致力于推动环境司法专门化的实质性构建、司法队伍环境素养的实质性提升以及环境司法经验的立法化总结。[1]同时,环境利益或者生态法益的考量,需要注意代际间的可持续发展问题,需要在代际公平、环境能力的界限以及经济发展带来的南北平衡等方面谋求健全的经济发展。例如,《我们共同的未来》《里约宣言》《世界保护战略》以及《珍惜地球》等报告和国际条约均强调可持续发展意义上的代际法益考量。而日本的环境基本法也注重可持续发展下的基于环境能力的代际法益保障问题。[2]

第五,法律调整方法的要素考量。"法律的解释,可促使法律具体化、明确化及体系化,良以法律为抽象的原

---

[1] 参见何佩佩、冯莉:"论环境利益的存续状态及其调整机制",载《社会科学家》2020年第11期。

[2] 参见[日]交告尚史等:《日本环境法概论》,田林、丁倩雯译,中国法制出版社2014年版,第134~135页。

则,期概念不确定者,宜予具体化,以维护法律的安定;如其规定不明确,易引起疑义或争议时,亦必须加以阐明,使之明确化。法律之间有互相矛盾或抵触之处,尤须借诸调整方法与解释方式,阐释其正确的含义使之统一。唯法律是一种理性、客观、公正而合乎目的的规范,如为维护法律的安定,而将法律的理想加以牺牲,亦必然使法律的解释论或调整方法论,沦为形式的逻辑化,自难促成正义的实现。因之,解释法律必须兼维法律之安定与理想,而后法律的功能始能充分发挥。"[1]

在新时代,社会主义和谐社会是以法治为基础的社会。构建社会主义和谐社会呼唤法律调整方法的改进和创新。这包括高度重视授权性法律调整,正确适用法律调整模式,遵循法律调整的谦抑性规律,谋求私法、公法和社会法的协调发展,综合运用其调整方法,注重激励性调整方法的运用等。[2]例如,宏观调控法的调整方法是宏观调控法中确认的符合宏观调控法目的、任务和效果,能够发生与确定国家调节经济关系的宏观调控行为模式,其由国家宏观调控行为的类型(涵摄于宏观调控手段中)与法律

---

[1] 杨仁寿:《法学方法论》,中国政法大学出版社1999年版,第125~127页。
[2] 参见杨思斌:"构建社会主义和谐社会与法律调整方法的改进和创新",载《当代世界与社会主义》2006年第4期。

第二章 法律调整对象与环境法调整范围的实质解释

后果构成。宏观调控法的调整方法既不是立法活动,也不是法律规范模式,其作用于宏观调控立法及其规范所针对的对象与客体,具有主观和客观统一性,法律规范的逻辑结构要素是"处理"和"制裁",分别对应宏观调控的手段和法律后果。[1]又如,在环境法领域,我国目前面临的区域能源不平衡问题,即区域间供求不平衡和不同区域能源种类产量不平衡,需要借助法律级别的手段加以调整,通过宏观政策法和市场规则法引导调节,依靠执法和司法手段进行监管。[2]

一方面,调整方法需要进行体系性的思维解释。环境社会关系的特点决定了环境法调整方法是一个方法体系。传统法律方法是其中的重要组成部分,传统法律方法经过"绿化"仍然是环境法的基本方法。但是,传统法律方法不能完全适应环境法调整社会关系的需要,生态化方法就是为了弥补传统法律方法的不足而产生的环境法特有的调整方法,传统法律方法和生态化方法的组合和综合运用,形成了环境法特有的调整方法系统。[3]具体来看,环境法

---

[1] 参见徐澜波:"论宏观调控法的调整方法——从经济法的调整方法切入",载《法学》2020年第7期。

[2] 参见陈自强、高扬:"我国区域能源不平衡现状分析及法律调整方法探析",载《天然气技术与经济》2016年第6期。

[3] 参见梁剑琴:"关于形成一套科学的环境法调整方法的几点思考",载《国家林业局管理干部学院学报》2005年第4期。

的调整范围在完善社会主义法律体系中，需要注意协同与共治的具体方法。传统法律领域应对现代意义环境问题的转型调整趋势可概括为"生态化"，从民法典的相关内容来看，系统地体现了民法生态化的理论设想。生态化的民法典使环境法与民法典的协同成为可能，为实现与民法典协同的目标，环境法须唤醒自身固有的私法逻辑，并明确其在权利、义务、责任等层次的基本面向。在权利层次上，应把环境权作为环境法中私法意义权利的集中体现，明确其人格权属性，并推进环境权的确认路径从具体人格权到一般人格权具体化的演进。在义务层次上，应阐明环境法中私法义务形成的基础，对其作出积极义务和消极义务的划分。在责任层次上，应以明确环境侵权责任逻辑构架为前提，对其进行类型化梳理。在环境法语境中，应将因环境权侵害所致环境侵权责任的判断和侵害环境公共利益所致生态环境修复责任的实际履行作为研究重点。[1]而我国环境法中有关的环境权利和环境权力规范存在着内在张力下的结构失衡和运行冲突。走向多元合作共治，是环境风险时代解决环境问题的根本出路，无论对于政治国家的环境权力，还是对于市民社会的环境权利，环境法学理

---

[1] 参见张璐："环境法与生态化民法典的协同"，载《现代法学》2021年第2期。

第二章 法律调整对象与环境法调整范围的实质解释

论研究都应当具备这种全景式的面向。从经验和事实出发，在对学界关于环境法学核心范畴的现有理论和学说进行分析批判的基础上，提出"环境法的法权"这一命题。基于环境利益之上的环境权利、环境权力应当是环境法学领域最基本、最重要的元概念，二者虽然不具同质性，但彼此合作共进、竞争成长，共同构成环境法制度大厦的基石。环境法的法权结构的规范建构，有助于实现环境权利与环境权力架构的内外部相互制衡与协作，为迈向多元合作共治的现代环境治理模式奠定制度基础。[1]

另一方面，调整方法也是环境法调整范围独特性的一种体现。环境法成为独立的法律部门的标志，在于其具有特有的调整方法。但对环境法调整方法的具体内容及其独特之处的研究还不够充分。调整方法的发展是环境法发展的重要方面。研究环境法的调整方法，有助于厘清环境法与传统法学的关系，探寻环境法发展的脉络和规律，进而能动地利用环境法满足环境保护的需要。法律调整方法是研究环境法调整方法的理论基础。环境法的调整方法即环境法通过一系列法律手段作用于环境社会关系的方法、方式的总和，是环境法对环境社会关系施加影响的手段，是

---

[1] 参见史玉成："环境法学核心范畴之重构：环境法的法权结构论"，载《中国法学》2016年第5期。

这些手段的配合，表明在环境社会关系领域对各种法律工具和法律影响手段的利用。如前所述，方法是由对象派生的，环境法调整对象的性质和特点决定了环境法调整方法的特点。环境法的调整对象是环境社会关系，而环境法的调整范围具有广泛性、复杂性、综合性和开放性等特点。环境社会关系的特点决定了环境法的调整方法是一个方法体系。环境法律部门具有强烈的综合性和开放性特征，其不仅包括专门性的环境法规，而且包括其他法律部门中发展着的有关环境保护的规范，环境法律部门与其他法律部门是交流和协同的关系。[1]

总之，环境法起源于对生态环境问题的法律应对，但不同法治资源与学术传统供给下，环境法具有不同的实践与学术样态。中国的环境法学应植根于中国已有、既定的法治发展土壤，高度重视科学理性与法律理性的共建，高度重视法律技术对法律目的的形态塑造，以生态环境的有效改善、环境公共产品的有效供给、环境权益的有效保障等为直接目标，加强部门法之间的协调与沟通，促进中国环境法学研究学术品性的提升。[2]我国环境立法体系需要

---

[1] 参见梁剑琴：“环境法调整方法研究”，武汉大学2005年硕士学位论文，第3页。

[2] 参见吕忠梅：“环境法回归 路在何方？——关于环境法与传统部门法关系的再思考”，载《清华法学》2018年第5期。

一部综合性的环境保护基本法，不仅仅是遵循传统的环境立法模式的问题，更是出于环境保护的需要、我国可持续发展的需要。一部适合当今具体形势的环境基本法应当至少具备综合性、参与性和司法可诉性的特点。[1]人类进入生态文明阶段，环境法、自然资源法或环境资源法均不能完全适应生态时代的社会要求，生态法应运而生，开始全面取代环境法、自然资源法或环境资源法。生态法律关系具有综合性、生态性、特殊性等特点，其构成要素包括生态法律关系的主体、生态法律关系的内容、生态法律关系的客体。[2]

---

[1] 参见杜群："《环保法》修订要符合'大环保'理念"，载《绿叶》2011年第8期。
[2] 参见曹明德："论生态法律关系"，载《中国法学》2002年第6期。

第三章

完善中国特色社会主义法律体系对环境法体系化的要求

一、问题的提出

在 2011 年 10 月 27 日，国务院对外公布了《白皮书》，将宪法中的环境保护要求，涉及污染防治的法律、地方性法规以及相关环境标准在"行政法"中予以界定。而环境法学界一般将污染防治法律及其规范作为环境法（环境资源法）的重要组成部分之一。虽然污染防治法律在调整方式上与行政法的调整机制和属性大致类似，但是在立法者和执法者的认识中，却并没有将环境法作为中国特色社会主义法律体系[1]中的一个独立体系法律部门。而且，在

---

[1] 关于法律体系的提法，在此之前是"社会主义市场经济法律体系"，党的十五大报告改成了"中国特色社会主义法律体系"，当时的考虑是，社会生活是分门别类的，不同的社会关系需要由不同的法律来调整，不能仅由一个门类

第三章 完善中国特色社会主义法律体系对环境法体系化的要求

《白皮书》中,不少涉及污染防治、环境保护的规定又散见于"经济法""社会法"里。这种对部门法的划分及其标准带有一定的逻辑性缺陷和滞后性。[1]其实,学界与国家对环境资源法的分类与称谓,既有区别又有联系,而国家对环境资源法的分类是根据立法工作的实际需要推进的,具有一定的时代性和差异性。

一般认为,理论上划分法律部门的主要标准为调整对象——法律所调整的社会关系,这是首要标准或者第一位的标准,而次要标准或者第二位的标准才是法律调整机制或者调整方法。而在《白皮书》中,主要考量的标准是环境法的调整机制和属性,进而在行政法领域中涵盖了环境法尤其是污染防治法的主要内容。也就是说,环境法在我国没有成为单列的法律部门,涉及环境保护的法律法规,根据是否侧重管理经济运行还是授权行政规制的不同,分别属于经济法或者行政法。[2]由此,这不得不值得学界尤其是环境法学界深思:环境法的调整范围是什么?以调整

(接上页)的法律来调整,因此需要制定各种门类、调整不同社会关系的法律,从而形成一个完整、统一的法律体系,而不仅仅是"社会主义市场经济法律体系"。具体请参见沈春耀、许安标主编:《大智立法:新中国成立70年立法历程》,法律出版社2019年版,第163页。

[1] 参见李龙、范进学:"论中国特色社会主义法律体系的科学建构",载《法制与社会发展》2003年第5期。

[2] 徐莳:《中国特色社会主义法律体系的"中国特色"研究》,中国社会科学出版社2018年版,第104页。

机制和属性决定调整范围是否妥当？在中国特色社会主义法律体系的完善过程中，环境法体系[1]如何跟进与更新，目前呈现出一定体系性的环境法如何因应？因此，本书将在中国特色社会主义法律体系健全与完善的背景下，从社会主义法律体系的性质、内涵与进路方面，讨论完善社会主义法律体系对环境法体系构建的基本需求，进而梳理现有环境法体系中的核心要素，明确环境法律之间的不协调、部门化、碎片化等问题，树立环境问题与风险治理的领域法学基础上的环境法体系应对的生态整体综合治理模式价值和理念，通过清单制管理将环境法的调整范围和内容进行限定，厘清环境法体系的框架与边界。

---

[1] 环境资源法律体系，是指由环境资源开发、利用、保护、改善及其管理的各种法律规范和法律表现形式所形成的有机整体。它基本属于现行法律体系、成文法律体系，由于我国立法机关并没有明确规定环境资源法律体系的内容范围和结构组成，因而所谓的"环境资源法律体系"主要是法学界（特别是环境资源法学界）的一种学术概念，即由法学家（特别是环境资源法学家）以现行环境资源法律为基础、按照其学术思想而归纳提出的环境资源法律体系。而且，由于不同学者有不同的学术思想，因而他们提出的环境资源法律体系的内容范围和结构组成是不同的，主要表现在体系内部的子体系上，如：以防治环境污染为主要内容的环境保护子体系，又称污染防治法；以自然资源（能源）开发、利用及其管理为主要内容的自然资源法子体系，又称自然资源法；以保护生物多样性、防治生态系统破坏为主要内容的生态保护子体系，又称自然保护法；以区域、城乡环境综合整治和生态建设为主要内容的区域环境综合整治法子体系；自然灾害防治子体系，人文遗迹、自然遗迹保护法子体系等。而本书所研究的"环境法体系"，即为这种"环境资源法律体系"。具体请参见蔡守秋：《中国环境资源法学的基本理论》，中国人民大学出版社2019年版，第97页。

第三章 完善中国特色社会主义法律体系对环境法体系化的要求

二、中国特色社会主义法律体系的完善要求

(一) 健全中国特色社会主义法律体系的进路

社会主义法律体系的思想理论基础是马克思主义法学。中国特色社会主义法律体系的思想理论基础是当代中国马克思主义法学。[1]在当代中国马克思主义法学的引领下，需要健全和完善中国特色社会主义法律体系和法治体系。在现当代，就是要在习近平法治思想的引领下，完善以宪法为核心的中国特色社会主义法律体系。这是坚持党的领导与社会主义法治相统一的根本要求，是建设中国特色社会主义法治体系的必然要求，是推进法治中国建设的基本要求。[2]例如，党的十九届四中全会审议通过的中共中央《关于坚持和完善中国特色社会主义制度推进国家治理体系和治理能力现代化若干重大问题的决定》所提出的涉及13个方面的中国特色社会主义根本制度、基本制度和重要制度是对现行《宪法》第1条第2款所规定的国家根本制度——社会主义制度内涵的补充、深化和发展，充

---

[1] 参见朱景文主编：《中国特色社会主义法律体系：结构、原则与制度阐释》，中国人民大学出版社2018年版，第12页；信春鹰："中国特色社会主义法律体系及其重大意义"，载《法学研究》2014年第6期。

[2] 参见蒋青青、李婧："中国特色社会主义法律体系进一步完善发展的必要性论析"，载《思路理论教育导刊》2015年第11期。

分体现了宪法所规定的中国特色社会主义国家制度和法律制度之间的一致性和统一性。中国特色社会主义制度体系概念的提出并不是要在理论上替代中国特色社会主义法律体系、中国特色社会主义法治体系，而是通过进一步理顺法律体系、法治体系与制度体系之间的内在逻辑，凸显依法治国、依宪治国，依法执政、依宪执政在中国特色社会主义制度体系建设中的重要作用。[1]

同时，在新时代中国特色社会主义生态文明的建设过程中，需要以习近平生态文明思想为根本遵循，通过完善中国特色社会主义法律体系的进路，进而构建中国特色绿色法治体系。[2]一方面，在习近平法治思想与生态文明思想的引领下，需要切实满足人民群众的绿色法治新需要，通过构建生态环境领域立法、执法、司法、守法相互协同与联动的绿色法治体系来实现。另一方面，我国环境法体系已经初步建立，但是与生态文明、绿色发展的要求还有一定差距，需要在符合绿色发展的中国特色社会主义生态文明背景下，着力解决环境、资源、生态等环境法内容与绿色发展不相适应的部分，在人民群众的绿色生产、绿色

---

[1] 参见莫纪宏："论中国特色社会主义法律体系、法治体系与制度体系的有机统一"，载《法学杂志》2020年第5期。

[2] 参见黄娟等：《新时代中国特色社会主义生态文明理论与实践研究》，中国地质大学出版社2021年版，第45页。

第三章　完善中国特色社会主义法律体系对环境法体系化的要求

生活、绿色生态方面完善绿色法律体系，最终实现中国特色社会主义法律体系与中国特色社会主义生态文明理论的深度融合。

（二）完善中国特色社会主义法律体系对环境法体系化的要求

一般认为，一个国家法律体系与法治体系的健全、完善和规范，有利于实现国家、社会、组织与个人行动的法治供给，保障社会生活中各方主体的合法权益与利益，促进形成国家与社会的稳定发展与良好秩序。[1]"中国处于并将长期处于社会主义初级阶段……决定了中国特色社会主义法律体系必然具有稳定性与变动性、阶段性与连续性、现实性与前瞻性相统一的特点，决定了中国特色社会主义法律体系必然是动态的、开放的、发展的，而不是静止的、封闭的、固定的，必将伴随中国经济社会发展和法治国家建设的实践而不断发展完善。"[2]例如，作为社会主义法律体系重要组成部分的《民法典》，确立了顺应时代发展的绿色原则，对环境法体系的科学发展与民法生态化构建具有重要借鉴价值。环境保护优先、资源节约优先

---

[1] 参见汤洁："加快建设新时代中国特色社会主义法律体系"，载《人民法治》2019年第10期。
[2] 参见："《中国特色社会主义法律体系》白皮书发布（全文）"，载http://www.gov.cn/jrzg/2011-10/27/content_1979498.htm，最后访问时间：2021年11月7日。

的义务性要求，使得环境法体系的这种基本价值理念不仅在环境法内部得以贯彻执行，而且在民法领域与人们的社会互动中也得以体现，有利于社会主义法律体系中重要原则的跨法际呈现，体现了党为人民服务的宗旨和保护生态环境、节约资源的政策方针，也是党和国家法治建设与生态文明建设的产物，是中国特色国情和中国特色社会主义的体现。再如，当前环境法典的编纂，有利于我国环境法体系的优化，更有利于中国特色社会主义法律体系与法治体系的健全与发展，促进生态环境的法治保障与供给，有利于我国环境问题与风险的综合治理和法治实践回应。[1]

第一，中国特色社会主义法律体系的动态性与环境法体系化的综合性之契合要求。全面建设中国特色社会主义法律体系，需要明确中国特色社会主义立法体系的动态性特征。它不是一个静态的体制，而是坚持与时俱进，时刻与改革发展实际相符合、不断完善的体制。在协调推进"四个全面"战略布局的背景下，不断完善环境法及其相关法域的立法体制机制，既是改革发展的需要，也是为更好实现"良法善治"这一治理目标奠定基础。[2]环境法体

---

　　[1] 参见焦艳鹏："环境法典编纂与中国特色社会主义法律体系的完善"，载《湖南师范大学社会科学学报》2020年第6期。
　　[2] 参见周叶中等：《中国特色社会主义法治话语体系创新研究》，人民出版社2020年版，第213~219页。

第三章 完善中国特色社会主义法律体系对环境法体系化的要求

系的主体部分一般来看相对稳定，而环境法学的研究具有跨学科属性，这促进了环境法体系构建的综合性呈现。环境法作为一种综合调控体制，是调整和影响人类—环境系统的整个过程，因此需要综合应用各个法律部门的调整机制与手段，促进各个法律部门的协调与配合。例如，针对不同的调整对象与领域，环境法主要应用的是行政法调整机制，此外经济法、民法、刑法、科技法等也都在发挥调整作用。

第二，中国特色社会主义法律体系的开放性与环境法体系化的交叉性之契合要求。全面建设中国特色社会主义法律体系，需要明确现代化建设的内在要求和改革的开放性特征。"改革向前发展的每一步，都极大地促进了法律制度的优化创新，造就了一支从外部约束权力膨胀的经济力量。"[1]而"环境法的部门边界具有模糊性，这也导致环境法的调整具有灵活性，促进环境法治系统的开放性，表现为环境法是一个在调整社会关系、规范社会环境行为的过程中随时获取社会的信息并及时自我修正、自我完善的系统"。[2]

环境法体系的边缘存在一定的交叉领域，而环境法的

---

[1] 习近平："加快建设社会主义法治国家"，载《求是》2015年第1期。
[2] 参见吕忠梅：《环境法新视野》（第3版），中国政法大学出版社2019年版，第82页。

体系化也存在一定的交叉性,尤其是立法模式与环境资源法律制度之间的交叉和交错,有的环境污染防治立法中涉及自然资源保护法律制度的内容,有的环境资源法律制度体现出综合性的法体形式。具体来看,一方面,需要进行环境法立法模式的体系梳理,其中主要涉及立法机关对环境法的立法体制和法体形式的选择与构建。具体来看,环境法的立法模式,主要涉及环境单行法模式、环境综合法+环境单行法模式、环境基本法+环境单行法模式和环境法典模式四种形式。例如,我国在1979年至1989年的立法模式就是采用的环境基本法+环境单行法模式。另一方面,体系化的构建需要考量环境资源法律制度的不同分类标准与合理配置。例如,环境法的法律制度根据分类方法可以划分为污染防治类环境法制度、自然资源保护管理环境法制度、生态系统保护管理环境法制度以及综合类环境法制度。而根据不同的环境法保护对象,需要对环境法的调整范围进行基于生态环境要素的合理配置,界分环境防治与环境管理的不同属性,明确大气、水、固体废物、海洋等规制对象的防治管控性质,强调森林、矿产资源、水资源、草原资源和野生动物环境法制度的保护管理属性。

第三,中国特色社会主义法律体系的发展性与环境法

第三章 完善中国特色社会主义法律体系对环境法体系化的要求

体系化的时代性之契合要求。环境法体系的外延存在时代性,而环境法的体系化,需要在我国特色社会主义进入新时代这一历史定位中,明确环境法体系完善是生态文明建设的重要组成部分之一。按照十九大的要求推动、完善美丽中国和生态文明建设。根据新时代环境法体系化的新要求,在保障中国特色社会主义法律体系的发展性基础上,协同改革和创设适应新时代要求的环境法体系和法律制度。例如,可以创设湿地保护环境法管理制度、气候变化应对的环境法管理制度、生态环境损害赔偿的环境法制度、长江经济带建设中的环境法管理制度、国家公园保护的环境法管理制度以及环境诉讼和程序保障的法治及其法律制度等内容。[1]进而,在完善中国特色社会主义法律体系的要求下,需要聚焦环境保护重点领域,促进生态环境保护立法不断推进和发展。具体来看,需要完善大气污染防治法、水污染防治法等,促进环境保护法与时俱进地修改、完善;需要完善生态环境的具体法律制度,健全、完善实体法与程序法相互交织的环境公益诉讼制度;在生态整体系统的考量下,协同环境要素领域的法律调整框架,共同推进区域性水、土壤、电、光等的法律

---

[1] 参见王树义等:《改革开放40年法律制度变迁·环境法卷》,厦门大学出版社2019年版,第34页。

规范供给，完善、优化涉及生态环境和自然环境保护的"法网"。[1]

三、环境法体系的关系分析与问题揭示

（一）环境法体系的关系分析

在健全中国特色社会主义法律体系的背景下，需要在中央与地方协同整体互动的视角下，促进环境问题与环境风险的整体性治理，着眼于环境法规范与单行法规范、环境法与其他传统法律之间的沟通与协作。例如，需要构建与完善环境法体系的合宪性审查机制，[2]通过合宪性审查促进环境法体系中各项内容的关系协调。

在环境法体系与环境治理的关系维度中，存在着环境

---

[1] 参见沈春耀、许安标主编：《大智立法：新中国成立70年立法历程》，法律出版社2019年版，第183页。

[2] 为了确立环境法在法律体系中的独立地位、解决环境法体系内部概念和规范不一致的问题，我们需要对环境法体系进行合宪性审查以实现环境法体系质效的提升。环境法体系的合宪性审查，除了审查环境法体系可能的宪法性瑕疵，更主要的是在遵循宪法依据的基础上，全面实施宪法规范，实现宪法和环境法规范的交互影响及体系性融贯。通过程序与实体相结合、技术与内容相结合、体系和条款相结合以及审查和融贯相结合，厘清环境法体系与宪法的关系，明晰环境法体系中的基础性概念内涵，使环境法体系及制度更科学合理，实现环境法体系的分类科学化、事项完备化以及制度实效化，打造以宪法为直接依据、环境基本法和环境部门法梯级分明的环境法体系，在宪法与环境法规范的交互影响乃至体系性融贯的基础上既发展环境法也发展宪法。参见张震："环境法体系合宪性审查的原理与机制"，载《法学杂志》2021年第5期。

第三章 完善中国特色社会主义法律体系对环境法体系化的要求

治理中生态文明的丰富内涵与环境法体系中各个法律部门的分立反差问题。例如,缺少涉及环境能源法的较为体系的法律规范。再如,环境治理的空间结构体系需求,与环境法体系中规范供给的缺失问题。而环境治理中的主体结构关系和责任机制,也与环境法体系中的规范构造存在断裂和割裂的问题。从本质上来看,"环境法体系的关系分析是揭示问题的所在,因缺乏生态文明的价值统领而容易出现的传统法律与环境法之间、环境保护法律手段之间的矛盾与冲突"。[1]

从环境法体系与环境法治实践的关系维度来看,环境法治实践具有法治实践和科技实践的二维面向,一元目的论仅关注了法治实践面向,[2]忽略了科学技术发展对环境问题治理的深刻影响,法律规范的作用与功能明显滞后于环境法治实践的需求。因此,在环境法体系的构建与完善过程中,需要树立基于环境问题整体治理的体系化和科学化二元目的论,促进环境法典编纂能够切实回应发展着的法治实践与科技更新。例如,在中国环境法典的编纂实践过程中,需要借鉴《民法典》的框架体系和创新结构模

---

[1] 参见吕忠梅:"论环境法的沟通与协调机制——以现代环境治理体系为视角",载《法学论坛》2020年第1期。
[2] 参见周骁然:"体系化与科学化:环境法典化目的的二元塑造",载《法制与社会发展》2020年第6期。

式，着力解决环境法典框架体系所面临的环境法体系的广义性、环境法法源的广泛性、环境法律关系的多重牵连性和环境法律责任制度的复合性等中国环境法体系的基本特征和存在的固有问题。[1]

(二) 现有环境法体系存在的问题

在现有环境法体系中，立法体系及其核心内容之间的不适应，导致环境立法整体性不强，立法方式协调性不够，立法程序权威性不足，进而形成环境法体系化和科学化的选择性难题。[2]

第一，法律的部门化。虽然环境法的数量较多，但是在传统法律部门内部之间存在着部门化的问题，有的法律与法规之间的雷同较多。例如，《水法》《水土保持法》和《水污染防治法》在不同部门的适用中有一定重叠。而涉及每一部门的环境立法，国家的法律与地方的实施办法多有重复，体现为"不均衡的复制"和"内容上的分散无序"，存在缺少地方特色和适应地方经济社会发展的具有操作性、因地制宜的实施方案。例如，有学者对地方环境立法进行统计分析，得出流域保护法规中的复制和重复现象

---

[1] 参见汪劲："论中国环境法典框架体系的构建和创新——以中国民法典框架体系为鉴"，载《当代法学》2021年第6期。
[2] 参见吕忠梅："环境法典编纂：实践需求与理论供给"，载《甘肃社会科学》2020年第1期。

第三章　完善中国特色社会主义法律体系对环境法体系化的要求

较为明显，66项事项中，基本重复为8项，约占12.1%；大致重复为5项，约占7.6%。[1]

第二，法律的碎片化。从环境法的主体内容来看，主要涉及综合性的环境保护法、环境污染防治法、自然资源保护法以及其他法律部门中的环境法相关制度等，这呈现出较为明显的环境法律规范的碎片化特征，不利于环境法体系的构建与完善（参见表3-1）。在这种法律部门化、碎片化的影响下，环境法体系的完善往往很难全面关照本地的特殊性，也未与其他周边区域进行联系，尤其是环境的地方性立法的整体性与协调性不足。此外，在环境法的具体规范层面，还存在着法条之间的冲突，立法与规章之间的矛盾与不一致的地方。[2]

表3-1　环境法律规范的碎片化特征

序号	环境法主体内容	法律规范体现	备注
1	综合性法律保护法	《环境保护法》（1989年、2014年修订）、《环境保护主管部门实施限制生产、停产整治办法》（2014年）等	

---

[1] 参见周迪：《论中央与地方环境立法事项分配》，中国社会科学出版社2019年版，第37页。
[2] 参见曹明德："关于修改我国《环境保护法》的若干思考"，载《中国人民大学学报》2005年第1期。

续表

序号	环境法主体内容	法律规范体现	备注
2	环境污染防治法	《大气污染防治法》(1987年、2018年第二次修正)、《水污染防治法》(1984年、2017年第二次修正)、《固体废物污染环境防治法》(1995年、2020年第二次修订)、《放射性污染防治法》(2003年)等	其中，还涉及国务院颁布的实施细则，污染防治方面的行政法规、规章等
3	自然资源保护法	生物资源保护法，如《渔业法》(1986年、2013年第四次修正)、《森林法》(1984年、2019年修订)、《草原法》(1985年、2021年第三次修正)及其实施条例等 非生物资源保护法，如《土地管理法》(1986年、2019年第三次修正)及其实施条例、《基本农田保护条例》(1994年、2011年修订)、《水土保持法》(1991年、2010年修订)及其实施条例等 特定区域环境保护法，如《自然保护区条例》(1994年、2017年第二次修订)、《文物保护法》(1982年、2017年第五次修正)及其实施条例、《城市市容环境卫生管理条例》(1982年)、《村庄和集镇规划建设管理条例》(1993年)等 能源法，如《电力法》(1995年、2018年第三次修正)、《煤炭法》(1996年、2016年第四次修正)、《节约能源法》(1997年、2018年第二次修正)、《可再生能源法》(2005年、2009年修正)等 气象法和自然灾害防治法，如《气象法》(1999年、2016年第三次修正)、	其中，关于能源法，国务院颁布实施了《乡镇煤矿管理条例》等20多部能源行政法规

第三章 完善中国特色社会主义法律体系对环境法体系化的要求

续表

序号	环境法主体内容	法律规范体现	备注
		《防洪法》（1997年、2016年第三次修正）、《防震减灾法》（1997年、2008年修订）、《防沙治沙法》（2001年、2018年修正）等	
4	其他法律部门中的环境法制度	除了环境单行法之外，依靠其他法律部门中相关的法律来规定环境法律责任的承担，如《侵权责任法》（已失效）、《行政许可法》《行政处罚法》《行政复议法》《行政诉讼法》《治安管理处罚法》《刑法》等的相关规定	

第三，环境法体系中的核心要素和基本标准欠缺。一方面，对环境法体系中的法律规范的核心要素需要进行明确和梳理，如法律主体、法律行为以及责任制裁方式等需要进行梳理和合理化设置，保障法律主体的合法权益和行为的正当运行。我国环保立法层面的问题主要涉及立法的空白、立法规定可操作性缺乏、法律规定与立法目的差异等。[1] 另一方面，环境法体系化的基本标准需要在底线正义的基础上进行构建与细化，找到环境法体系中社会关系适用的边界，进而防止环境法与其他法律区分标准的不清

---

[1] 参见汪劲主编：《环保法治三十年：我们成功了吗——中国环保法治蓝皮书（1979—2010）》，北京大学出版社2011年版，第354页。

晰问题。例如，基于环境社会关系调整与治理的传统污染防治法律，自然资源管理与生态保护产业领域的相关法律，是否纳入环境法典的范畴需要通过环境法体系与规范的核心要素标准进行审视。此外，在新的环境立法中，需要注意环境法体系化中的"二次体系化"问题，避免单一环境法律与其他环境法律之间的条文冲突和重复。[1]由于环境法调整对象和调整方法的多元性和变动性，环境法律规范间重复、不一致等连贯性缺失问题较为突出。[2]

四、环境法体系如何应对

从上述问题来看，在健全与完善中国特色社会主义法律体系与法治体系的背景下，亟待明确环境法体系化与科学化的总体理念和整体功能，在领域性的环境问题治理基础上，需要构建环境法的理念原则价值体系和环境法的具体规范体系。[3]未来，在环境法典的编纂过程中，需要进一步完善法律原理、法律方法与法律技术对法典编纂工作的制约，通过环境法学研究者与实践者的知识结构更新与

---

[1] 参见焦艳鹏："环境法典编纂与中国特色社会主义法律体系的完善"，载《湖南师范大学社会科学学报》2020年第6期。

[2] 参见刘长兴主编：《环境法体系化研究》，法律出版社2021年版，第61页。

[3] 参见徐以祥："论我国环境法律的体系化"，载《现代法学》2019年第3期。

第三章　完善中国特色社会主义法律体系对环境法体系化的要求

优化,准确定位环境法体系化的价值与理念,作为独立法律部门的环境法需要明确其主要内容和核心范畴,通过体系化的清单制管理明确调整对象、细化调整范围与完善调整机制。

(一) 生态整体主义理念及其整合路径

一方面,对于环境法的体系应对,应当树立一种生态整体主义[1]的环境风险与环境问题的治理理念。

自然生态系统本身就是一个具有相互关联性的有机整体,它为环境法的体系化提供了自然基础。在一定的自然时空环境内,环境要素与生态系统是相互作用和联系的。自然环境和生态系统的连接性和协同性,使得环境问题与环境风险的预防与治理必须从系统性、整体性出发,来构建相互联系和相互整合的环境法法律法规体系。[2]在环境问题治理与环境法实施领域,生态整体主义的体系化应对路径,是我国环境法领域坚持系统思维的较佳选择。例如,《爱沙尼亚环境法典》总则的设立,树立了整体性治

---

[1] 例如,2015年9月,中共中央、国务院印发的《生态文明体制改革总体方案》强调:"树立山水林田湖是一个生命共同体的理念,按照生态系统的整体性、系统性及其内在规律,统筹考虑自然生态各要素、山上山下、地上地下、陆地海洋以及流域上下游、进行整体保护、系统修复、综合治理,增强生态系统循环能力,维护生态平衡。"
[2] 参见柯坚:《环境法的生态实践理性原理》,中国社会科学出版社2012年版,第187页。

理的体系化思路与理念,而这种整体性治理的立法理念,与党中央在全面深化改革过程中提出的坚持改革的系统性、整体性、协同性思维,[1]在价值理念与内在精神上是一致的,这种生态整体主义的理念更具战略性和方法论意义。例如,习近平总书记强调:"注重系统性、整体性、协同性是全面深化改革的内在要求,也是推进改革的重要方法。改革越深入,越要注意协同,既抓改革方案协同,也抓改革落实协同,更抓改革效果协同,促进各项改革举措在政策取向上相互配合、在实施过程中相互促进、在改革成效上相得益彰……"[2]这种生态整体主义的基本理念,鲜明地体现为环境法律规范的整体主义解释方法。它不是排斥还原主义,而是要在遵循传统部门法法理的同时,从有效解决环境问题、防范总体的生态环境风险和提升总体的生态环境质量的角度来解释相关的环境法律规范。[3]

---

〔1〕 参见刘洪岩主编:《域外环境法典编纂的实践与启示》,法律出版社2021年版,第278页。

〔2〕 《习近平谈治国理政》(第2卷),外文出版社2017年版,第109页。

〔3〕 例如,《环境保护法》第58条规定,社会组织提起公益诉讼的法律规范,需要突破传统诉讼法的基本法理,选择有利于社会组织参与环境公益诉讼的角度,促进生态环境利益保护的解释可能性。这种解释逻辑在最高人民法院对"在设区的市级以上人民政府民政部门登记""专门从事环境保护公益活动"的目的解释、对"连续五年以上且无违法记录"的限缩解释中得到了很好的贯彻。参见刘长兴主编:《环境法体系化研究》,法律出版社2021年版,第226页。

第三章 完善中国特色社会主义法律体系对环境法体系化的要求

就环境法体系应对而言,首先需要明确基本的价值理念问题,即以什么样的价值理念和内在逻辑将环境法律构建成一个令人信服的法律体系。在环境法体系化和科学化的过程中,环境问题与环境风险的整体治理需要构建一种"人—社会—司法"的生态整体主义理念。[1]而环境法从历史发展来看是从其他法律部门中逐步独立出来的,因而一直延续着其他传统法学的认识论与价值思维范式,容易忽视环境法实践和环境问题解决的自然科学视角,而进入以人为中心的"主客两分"的人本主义环境法观。这种价值理念容易忽视生态整体意义上的生态规律,导致各个环境立法之间虽然有一定的体系性,但难以解决系统性和整体性的环境问题与环境危机。因而,环境法的体系应对需要引入生态整体主义的理念,注重吸收法学和生态学的优秀成果,将自然生态发展规律通过环境立法引入环境风险与环境危机的治理过程中,实现社会科学与自然科学的融合交汇。[2]

从立法模式来看,我国环境保护立法模式主要有以《环境保护法》为代表的综合立法,以《水法》《水污染

---

[1] 参见杨继文:"基于生态整体主义的环境治理进路研究:理性化、社会化与司法化",载《环境污染与防治》2015年第8期。
[2] 参见陈泉生等:《环境法哲学》,中国法制出版社2012年版,第15~17页。

防治法》等为代表的单行立法。其中，综合立法难以深入解决流域内的特殊问题，虽然单行立法能够对流域进行具体规制，但因为采用"环境—资源"二分的立法逻辑，忽略了环境治理的系统性、整体性，人为地将资源可持续利用与污染防治相割裂。例如，《长江保护法》作为我国首部流域立法，超越以往的还原主义方法论，坚持生态整体主义法律观，是我国环境保护立法模式的一次新尝试。宏观上，流域立法将长江流域的资源保护、污染防治和绿色发展合为一体。微观上，流域立法统筹、规范长江流域的生态、产业、城市布局、人文和环境美学等要素。[1]再如，黄河流域生态环境风险涉及复杂、多元的风险类型，需要在整体主义视域下突出表现为产业结构性风险、跨域格局性风险、系统失衡性风险。从整体生态环境观出发，黄河流域生态环境治理应当全国一盘棋，以科学合理的顶层设计统筹推进沿黄区域因地制宜地具体施策。[2]

因此，环境法体系应对的生态整体主义价值基础，需要在理念层面进行融贯化构建[3]与整合应用，将环境法

---

〔1〕参见陈廷辉、林贺权："从还原主义到生态整体主义：我国环境保护立法模式的转变"，载《西南政法大学学报》2021年第3期。

〔2〕参见邓小云："整体主义视域下黄河流域生态环境风险及其应对"，载《东岳论丛》2020年第10期。

〔3〕参见雷磊："融贯性与法律体系的建构——兼论当代中国法律体系的融贯化"，载《法学家》2012年第2期。

第三章 完善中国特色社会主义法律体系对环境法体系化的要求

体系中的各个部分之间的关系进行整合,进而实现环境法要素的连贯一致、环境法律规范的体系融贯。具体来看,在环境法的法律体系融贯中,法律规范的应用是其核心机制。作为规范体系的法律体系与立法之间的天然联系,决定了法律体系理论可以且应当应用到我国立法活动中。[1]在环境法体系化的整合应用中,可以突出前述的以领域法学理论为基础,以环境危机与环境问题治理为中心的环境法具体规则的体系协调适用与环境法具体规范之间的效力位阶应用。

另一方面,环境法体系应对的路径是一种以前述环境问题治理为导向的、基于领域法学的整体主义整合路径。

环境法体系要成为社会主义法律体系的独立法律部门,需要树立综合性整合治理理念与模式,从污染防治的管控型环境法体系发展成绿色发展的综合性整合型环境法体系。环境法被认为是以治理环境问题和保护生态环境为根本目标,具有交叉性、综合性和应用性特征的领域法学。[2]基于环境问题治理中的政策协调与制度完善问题,中国治理路径存在两种模式:一是环境史观背景下的环境

---

[1] 参见钱大军、卢学英:"论法律体系理论在我国立法中的应用",载《吉林大学社会科学学报》2010年第4期。

[2] 参见李启家:"环境法领域利益冲突的识别与衡平",载《法学评论》2015年第6期。

治理政策意蕴；二是环境伦理观背景下的环境治理制度需求。[1]环境法作为环境治理的重要保障之一，需要在环境领域协调环境政策与环境法律之间的制度鸿沟，在领域法学中完善和解决相关环境治理问题。因此，环境法体系化需要以问题为导向，其本质是构建一种协调完善的领域法，[2]是以环境保护问题为导向，以环境保护问题在社会经济领域映射下的与法律有关的现象为研究对象，逐步形成和发展的具有综合性、开放性和整合性的法学部门学科体系。例如，《瑞典环境法典》明确规定了分则内容中以环境领域问题治理为主导的"风险预防—过程控制—损害救济"的制度体系。[3]

同时，环境法体系应对的构建是一种整合理念和路径，促进环境法各个子体系与部门之间的跨领域合作，综合决策和整体治理。例如，在未来环境法典的编纂过程中，要明确在环境保护决策与法律实施过程中，要促进环

---

[1] 参见杨继文："中国环境治理的两种模式：政策协调与制度优化"，载《重庆大学学报（社会科学学报）》2018年第5期。

[2] 领域法学融合部门法学研究方法、工具和手段在内的全要素，但又在方法论上突出体现以问题意识为中心的鲜明特征，是新兴交叉领域"诸法合一"研究的有机结合，与部门法学同构而又互补。简言之，领域法学是研究"领域法"及其发展规律的法律科学。具体请参见刘剑文等：《领域法学：社会科学的新思维与法学共同体的新融合》，北京大学出版社2019年版，第69页。

[3] 参见陈海嵩主编：《中国环境法典编纂的基本理论问题》，法律出版社2021年版，第134页。

第三章　完善中国特色社会主义法律体系对环境法体系化的要求

境、社会与经济发展的协调平衡,加强不同部门、不同主体之间的协同合作,克服环境法律政策实施过程中的部门化思维与碎片化倾向,[1]实现环境保护的整体行动、整体协调与整体治理。例如,从方法论的视角来看,环境法学者需要破除环境法本部门的局限,从"主客一体化"到"生态化",构建生态整体主义的方法与技术方案,融合环境法与环境科学技术的治理机制,沟通环境法学与其他传统法学的法律规范,以环境问题和环境治理为导向构建协同与整合的方法体系。[2]因此,树立环境法体系化应对的整合理念,在环境问题与环境风险整体治理的基础上,整合环境法、经济法与其他部门法的法律规范,形成中国特色社会主义法律体系的一个独立法律部门。[3]

(二) 环境法体系的内容整合及其边界承接

第一,环境法体系的优化,需要完善作为独立法律部门的环境法及其法律法规的调整对象和范畴。环境法需要以独立的环境法律部门构建为目标,作为中国特色社会主义法律体系中的独立法律部门进行努力和内容限定,在综

---

[1] 参见孙法柏等:《国际环境法基本理论专题研究》,对外经济贸易大学出版社2018年版,第199页。

[2] 参见吴真、李天相:"以协调与融合为核心的环境法学方法论初探",载《法学杂志》2017年第7期。

[3] 参见李艳芳:"论生态文明建设与环境法的独立部门法地位",载《清华法学》2018年第5期。

合性整合治理模式中优化和整合环境法律法规体系内容。

也就是说，调整对象、调整方法、调整机制通常是区分法律部门或者部门法的标准坐标。但是笔者认为，法律调整机制并不影响环境法的调整范围。如前所述，环境法是一个领域法，主要以调整对象、调整范围来决定，调整对象、调整范围决定了环境法的调整领域。例如，通常认为，资源能源法律体系，主要采用经济法/促进法的法律调整机制来保证实施，但是从其法律规范内容来看，这种调整机制并不单纯是行政法的调整范围。这也回应了前述所提到的，环境法律法规所具有的综合性、整合型特点。因此，在资源能源法律体系中，尤其是通过法律机制促进生态环境保护的法律法规，完全可以纳入环境法的调整范围与体系范畴中。同理，促进生态环境保护的气候变化法律法规、生态保护法律法规、节能低碳法律法规，都属于环境法的调整范围。

同时，在环境法体系的优化过程中，需要注意环境法的"双重调整"问题，环境法与经济法相类似，也存在"发展法学"背景下的环境法独立部门的调整与协调问题。在现实经济社会发展过程中，在许多行业和具体领域中，一方面需要经济发展意义上的经济—环境治理结构调整，另一方面同样需要法律层面尤其是法律—环境法层面的调

第三章 完善中国特色社会主义法律体系对环境法体系化的要求

整,从而形成了政策协调意义上的"经济—环境结构调整"与制度优化意义上的"法律—环境法调整"并存的格局。这种"双重调整",与经济、社会、政治、法律领域的诸多复杂问题直接相关,是一个跨越宏观、中观与微观各个层面,涉及发展政治学、发展经济学、生态学、环境科学、发展社会学、发展法学等方面的综合性问题。[1]解决这一"双重调整"中的"重政策、轻法律"的环境法实施问题,需要从环境法的规范层次结构出发,规范整合环境法的立法体系与结构,从而提高环境法调整与适用的法治化水平。

在环境法体系的优化过程中,需要注意环境法内部结构的层次问题,需要采用层级结构的视角进行分析与整合。在第一层次结构中,环境法体系需要以调整对象和调整范围来划分环境法律规范群;在第二层次结构中,则需要以环境法中的各个单行部门法来构建环境法的亚部门法;在第三层次结构中,环境法的每个亚部门法又可以划分为几个小部门法。这样的整体—层次结构,在数量比例关系及其排列顺序上是较为合理的。[2]而各个层级与亚部门法、小部门法之间的规范需要进行内在的协调

---

[1] 参见张守文:《当代中国经济法理论的新视域》,中国人民大学出版社2018年版,第89页。
[2] 参见张守文:《经济法原理》,北京大学出版社2013年版,第47页。

与互补,在整体主义视角下克服相互交叉和重叠冲突的问题,进而使得环境法系统能够较为稳定地发挥其整体治理效能。

具体来看,环境法体系优化需要在以下几个方面进行整体主义的沟通与整合:其一,整合环境立法的整体规划,协同中央与地方,不同环保部门、不同区域、不同主体之间的关系。其二,整合污染防治法,梳理污染防治法与环境基本法之间的重合内容。其三,整合气候变化各个环境要素的立法,推进气候变化和能源领域的整体性和综合性立法。其四,整合生态环境建设领域的单行法律法规,促进人文与生态环境资源保护的整体联动与融合保护。上述四个方面的沟通与整合应对机制,需要从中国现行的执行体制及其运行机制、结合中国现行法规的立法质量进行分析。最为结合实际的做法,是先由全国人大和国务院组织进行环境法典编纂工作,再由全国人大环境与资源保护委员会和环境部分别牵头在已经进行的法律、法规清理工作的基础上,组织专家分别对环境保护的法律法规进行编纂。[1]其五,整合国内环境法治与涉外环境法治,促进国内环境法与国际环境法的协调互动,尤其是在"双

---

[1] 参见汪劲:《环境法治的中国路径:反思与探索》,中国环境科学出版社2011年版,第51页。

碳"目标下，推进低碳环保国际贸易、环保市场准入、环境标准体系等的互认与细化。在全球环境法的构建与实施过程中，通过对环境具有的多样性利益予以确认和衡平，立足于国内与国际环境利益的维护与增进，进而促使环境法成为一个独立的法律部门。[1]其六，整合环境法的实施体系和环境权益的程序性保障机制，通过信息公开、公众参与、责任保险、赔偿基金和程序机制促进环境法体系的统一实施。例如，《瑞典环境法典》便是一部集合环境实体规范和环境程序规范的法律。在环境实体法规范的基础上，该法在第四部分（第16章至第25章）规定了有关环境案件和事实情况的程序性的审查事项。例如，涉及中央政府对被上诉的决议等的复审、法庭、环境法庭审理的案件、环境法庭诉讼的程序、环境上诉法庭和最高法院的审理、诉讼及其相关费用。[2]

第二，环境法体系的优化，需要完善环境法学的学科体系和内部要素的清单制管理，以及推进环境法实施过程中的学术共同体建设。

一方面，清单制管理是环境领域环境法实施与技术治

---

[1] 参见吴宇：《论全球环境法的形成与实现》，科学出版社2012年版，第159页。
[2] 参见张梓太、李传轩、陶蕾：《环境法法典化研究》，北京大学出版社2008年版，第76~77页。

理的根本要求。清单制本质上是一种技术治理的工具，有利于实现从制度建设到实践推进的治理能效和感受效应，生发于技术治理功能与科学规范定式的统一。[1]通过对环境法典内容核定和内部要素的清单制管理，可以探究中国环境领域问题的技术治理的具体机制和逻辑转换，促进环境法体系及其环境法典的总体支配到控制的机制建构，[2]通过体系化的清单制管理，可以实现环境法体系的可视化、集成化和制度化，在未来为智能环境法典的更新与完善提供有利条件，最终走向环境政策与环境治理的法治化与现代化。

环境法学的学科体系和内部要素的清单制管理，需要完善环境法典的内容核定机制，需要在环境法律体系中，明确总论部门（环境基本法）的内容核定。而环境法典内部要素之间的边界完善，需要在具有综合性、交叉性、整合性的法律中，明确属于环境法律属性的部分与其他属性部分的界限问题，特别是在实施中的承接问题。具体来看，在前述整体主义视角和整合路径指引下，环境法的法律体系应主动适应完善中国特色社会主义法律体系的需

---

[1] 参见石亚军、王琴："完善清单制：科学规范中的技术治理"，载《上海行政学院学报》2018年第6期。

[2] 参见解胜利、吴理财："从'嵌入—吸纳'到'界权—治理'：中国技术治理的逻辑嬗变——以项目制和清单制为例的总体考察"，载《电子商务》2019年第12期。

第三章 完善中国特色社会主义法律体系对环境法体系化的要求

要,需要考量环境法的价值选择标准和法律技术安排标准,通过清单制管理和技术治理,实现环境法体系内部之间的沟通与协调机制,进而整合现有法律体系中的法律与未来环境法律部门中的相关法。具体而言,需要促进环境法学科体系和内部要素的清单制管理,构建具有协调"双重调整"的适度环境法典,通过构建具有"总则(基本法)—分则(亚部门法、小部门法)"层次结构属性的环境法典,将气候变化法、能源法、外层空间利用、生态安全、节能减排中涉及环境与资源的部分纳入环境法典的调整范围,进而通过清单制管理实现环境法内部要素的边界承接。例如,在环境法典总则部分,需要在"环境减法时代"要求下,吸收统摄型、非统摄型、适中型、开放型环境法典总则的优势与经验,通过清单制管理机制细化环境法典化的环境法治完善路径,构建从单行法模式向法典化模式的贴近和转化,[1]明确清单制管理的核心要素,如环境法中的基本概念、立法目的、环境保护原则、适用范围、法律责任条款以及权利义务规范等内容。

此外,可以借鉴《法国环境法典》编纂与"法规整

---

[1] 参见陈海嵩主编:《中国环境法典编纂的基本理论问题》,法律出版社2021年版,第276页。

合"的清单制管理及其方法技术,将协调与整合的成果供学者和公众知晓和了解,提高环境法体系化的社会满意度和可接受性。与法典编纂不同,"法规整合"只是将最新文本进行简单的、按照清单制管理要求的技术性编排。不是将原文及其修正案并列堆积,而是通过整合形成一个涵盖修正案的、更易于阅读的最新版本。整合仅仅是将某一文件及其修正和修改集中在单一的没有官方效力的文本中。尽管如此,法典编纂委员会负责监督整合文本的有效性,以供公民参考。不过,整合的过程与法典编纂一样,旨在增进公民对其权利和义务的了解,因此它也可以勉强算作广义法典编纂的一种特殊形式。清单制管理中的这种整合的方法是通过各条款的解释丰富全文;对经过修改本文通过"重新编纂"加以更新、整合,正如任何经过编辑或解释的文本一样,可能会有转录错误;更新也需要一定的时间。因此,尽管法律与行政信息管理署采取了诸多措施,仍建议在"官方公报"栏目确认文件内容及其修正案。[1]

另一方面,环境法体系的优化,需要推进环境法实施过程中的学术共同体建设。当前的中国实际处于政治体制

---

[1] 参见刘洪岩主编:《域外环境法典编纂的实践与启示》,法律出版社2021年版,第119~120页。

第三章 完善中国特色社会主义法律体系对环境法体系化的要求

改革尚未完善、法学研究总体初级以及环境法学研究水准不高的阶段,所以困扰中国环境法法典化的因素不只涉及立法的内容、方法和技术问题。[1]环境法体系化和环境法典的编纂,并不意味着对规范简单的形式化处理,环境法学界和环境法学术共同体需要进行努力和发挥重要作用。作为学术共同体重要组成部分的环境法学者,要实现对规范内涵及其相互关系的清晰阐明,仍然需要在前述生态整体主义理念指引下,通过整合的清单制管理和方法进行价值判断,从而避免体系与实质性价值之间的脱节,以确保体系的实质合理性,这是适度环境法法典化回应社会性需要的基本前提,也是环境法回应完善中国特色社会主义法律体系与法治体系要求,获得规范性内涵的重要基础。[2]在学术共同体的构建背景下,还需要政府层面的执法者加强对环境与资源开发、利用和保护的管制及其研究,[3]也需要社会组织、社会公众对环境与资源保护的合作参与,调动第三部门和相关研究机构的积极性,聚合促进环境法体系化和提高环境法实施效能的各种社会资源和社会力

---

[1] 参见汪劲:《环境法治的中国路径:反思与探索》,中国环境科学出版社2011年版,第51页。
[2] 参见刘长兴主编:《环境法体系化研究》,法律出版社2021年版,第97页。
[3] 参见柯坚:《环境法的生态实践理性原理》,中国社会科学出版社2012年版,第142页。

量,在中国特色社会主义法律体系完善过程中最大限度地贡献环境法领域的力量。

五、结论

在习近平法治思想与生态文明思想的引领下,要切实满足人民群众的绿色法治新需要,需要通过构建生态环境领域立法、执法、司法、守法相互协同与联动的绿色法治体系来实现。具体来看,要满足:中国特色社会主义法律体系的动态性与环境法体系化的综合性之契合要求,中国特色社会主义法律体系的开放性与环境法体系化的交叉性之契合要求,中国特色社会主义法律体系的发展性与环境法体系化的时代性之契合要求。针对当前环境立法整体性不强,立法方式不适应导致环境立法协调性不够,立法程序不适应导致环境立法权威性不足等困难和问题,[1]需要进行核心要素的梳理与体系化的应对思路。一方面,对于环境法的体系应对,应当树立一种生态整体主义的环境风险与环境问题的治理理念。另一方面,环境法体系应对的路径是一种以环境问题治理为导向的、基于领域法学的整体主义整合路径。促进环境法体系的优化,需要完善作为

---

[1] 参见吕忠梅:"环境法典编纂:实践需求与理论供给",载《甘肃社会科学》2020年第1期。

独立法律部门的环境法及其法律法规的调整对象和范畴。促进环境法体系的优化,需要完善环境法学的学科体系和内部要素的清单制管理,以及推进环境法实施过程中的学术共同体建设。最终,通过适度环境法法典化回应社会性需要,通过环境法的体系化回应完善中国特色社会主义法律体系与法治体系要求。

第四章

法律绿色进路与环境法调整范围的规制价值

——以反食品浪费立法为对象[1]

联合国粮农组织在十年前发布的研究报告显示,全球范围内约有 1/3 的食物被浪费或损耗,数量达 13 亿吨之多,发生在生产与消费环节的浪费几乎各占一半。[2]时至今日,食品(物)浪费依旧存在。有数据显示,2018 年中国餐饮业人均食物浪费量为每人每餐 93 克,浪费率为 11.7%。以 2013 年至 2015 年的调查数据推算,中国城市餐饮食物浪费量约为每年 1700 万吨至 1800 万吨,相当于

---

〔1〕 本章的主体内容和核心观点,参见落志筠副教授以"反食品浪费立法的法理基础与中国路径"为题,发表于《重庆大学学报(社会科学版)》2021 年第 4 期的文章。

〔2〕 J. Gustavsson et al., "Global food losses and food waste: Extent", *Causes and Prevention*, FAO: Rome, Italy, 2011.

第四章 法律绿色进路与环境法调整范围的规制价值

3000万人至5000万人一年的口粮。[1]食品浪费表面上看是对已经消耗的生产资料、劳动力的浪费,根源上则是对生产加工行为背后的自然资源、环境容量的浪费。食品浪费关系到粮食、资源与环境安全。反食品浪费既是对有限自然资源的节约,减少环境污染的发生,也是倒逼社会生产方式转型的有力举措,是推动绿色发展的重要推手。本章拟就反食品浪费立法的原理、法理基础及其中国路径展开研究。

一、食品浪费及其规制

(一)主观所致的食品浪费历来具有道德可谴责性

食品浪费是人类特有的行为,其产生受限于科学技术水平,但更多的则是行为人的主观选择。目前,关于食品浪费的准确定义尚未形成,我们可以从"浪费"的定义中推演食品浪费之定义。从古至今,人们一般将浪费与奢侈连接在一起,用以指称生活领域的消费无度、放荡挥霍;也有观点认为,浪费不仅表现在生活消费领域,工业生产过程中也存在显性浪费与隐性浪费,造成人力、物力、财力的非正常消耗。[2]不论浪费存在于何种政治、思想文化

---

[1] 参见于潇:"给'反食品浪费'立法,是现实的迫切需要",载《检察日报》2020年12月24日。
[2] 马保印:"浅谈设备管理中的隐性浪费",载《陕西水利》2008年第F09期。

背景下，浪费本身是人类所特有的一种现象，其存在于人类生产生活的各个环节，不对人类进步产生意义，是一种无意义、不必要的消耗。据此，食品浪费是发生在食品加工、销售、消费环节中的无意义、不必要之消耗，依据其发生原因的不同，可以分为客观原因所致的食品浪费与主观原因所致的食品浪费。前者是指由于科学水平、生产技术限制导致的客观浪费，如食物在粮食生产环节上由于储存条件所限产生的损失、在加工环节由于技术水平所限产生的损失；后者主要表现为行为人主观上无视或忽视社会财富效能，奢侈挥霍或者不恰当地消费食物造成的浪费。主观因素所致的浪费背离了消费的实质，是一种异化的人类消费行为，具有道德上的可谴责性。从古至今，人们均将节约视为一种美德，而将奢侈浪费认为是一种恶。人类主观原因造成的食品浪费违背了自然生态系统中的能量流动与物质循环规律，无谓地增加了资源消耗和环境负担。生物在生物链中获取物质与能量，这是自然规律，包括人类在内的所有动植物都应当按照自然规律有序地获取能量或物质。人类的浪费行为是这一过程的异化。浪费并不会发生在其他生物群落中。对动物而言，由于本身不存在食物加工一说，故此不存在加工环节的浪费；在食物消耗环节，基于食物链的客观规律所限，并不存在充分的食物供动物浪费。相反，动物界中的动物在很多时候都会陷入食物短缺的困境，不存在浪费一说。人类使用工具并且不断提高科学技术水平，使得人类有能力生产、加工充足的食物，以维持人类的生存以及多元化的食物需求，这为人类在销售、消费环节浪费食物提供了可能性；人类复杂的社会、心理、文化等因素，会导致人类有意识地选择奢侈消费甚至浪费，在食品消费领域形成食品浪费现象。食品浪费主要是发生在食物零售和消费环节中因主观抛弃而导致的食物量下降，[1]与发生在生产、加工、储藏、流通环节中因生产技术缺陷所导致的食物损失不同，后者较多地受制于生产技术等客观因素而具有一定程度上的"可被容忍性"，食品浪费则因人类的主观选择而具有更多的"道德可谴责性"，与"君子以俭德辟难""成由勤俭败由奢"的传统伦理观相悖，甚至可能具有法律上的"不当性"。

（二）食品浪费客观上危及粮食安全、资源环境安全

食品浪费严重威胁人类粮食安全。目前全球食物有1/3正在被浪费，而同时则有约1/10的人口遭受食物不足的困扰。严重的食品浪费加剧了人口饥饿，冲击着全球粮食

---

[1] 黄佳琦、聂凤英："食物损失与浪费研究综述"，载《中国食物与营养》2016年第10期。

安全。解决全球人口吃饭问题可供选择的路径,一是"开源",二是"节流"。"开源"即进一步增加食品生产供给,生产更多的粮食和食物;"节流"则是将目前被浪费掉的食物有效节约下来以解决粮食短缺问题。显然,且不论增加粮食生产是否受制于现有生产技术条件限制,其本身就会增加向自然的索取,这无疑将加剧本已十分严重的人与自然的冲突,这条"开源"的路径并不十分通畅。当前条件下,反对浪费,寻求节约粮食与食物的"节流"方式是一种较为恰当的选择,在保持当前粮食生产水平的同时减少食物浪费,既不增加资源环境压力,又能够满足人类的粮食需求,[1]维护国家粮食安全。这对人口众多的我国尤为重要。

食品浪费加重资源环境危机,有悖绿色发展要求。浪费对于资源环境的压力显而易见。直观可见,包括食品浪费在内的浪费行为会造成大量有用物尚未被全部利用即被丢弃,产生过量的污染物排放,加重环境负担;从深层次分析,生产这些被浪费掉的食物时投入的大量自然资源、能源等均未发挥效能即被抛弃,同时还伴随大量温室气体以及污染物的排放,[2]加重资源环境危机。人类社会在由

---

[1] 张盼盼等:"消费端食物浪费:影响与行动",载《自然资源学报》2019年第2期。

[2] 成升魁等:"笔谈:食物浪费",载《自然资源学报》2017年第4期。

"黑色文明"走向"绿色文明"后,应当摒弃这种对自然不友好、加重资源环境危机的行为模式,转而追求绿色发展模式。工业化进程下的"黑色文明"过度消费地球资源,忽视环境承载力,[1]无视自然规律,产生了人与自然的激烈冲突;绿色文明则是人类意识到人与自然对立的严重后果后主动追求的,以实现人与自然和谐共存的文明形态,[2]其不以破坏自然生态环境和人类生态环境为代价,而是强调将人与自然统一起来并寻求人类的发展,是"人类从自杀式生存到永续生存的拐点",是"人类自我救赎的最后机会"。[3]全世界在绿色文明背景下作出了可持续发展的选择,而中国则将绿色发展观作为五大发展理念之一,指导中国未来的前进方向。绿色发展观是将东方文明与马克思主义生态理论相融合,顺应时代发展特征的全新发展理念,其要求人类建设的各方面和整个过程实现生态文明。[4]绿色发展要求实现绿色生产和绿色消费,"反对

---

[1] 参见范和生、刘凯强:"从黑色文明到绿色发展:生态环境模式的演进与实践生成",载《青海社会科学》2016年第2期。
[2] 参见林群:"从"黑色文明"到"绿色文明"——可持续发展思想的哲学思考",载《国家林业局管理干部学院学报》2012年第4期。
[3] 参见卢俊卿、仇方迎、柳学顺:《第四次浪潮:绿色文明》,中信出版社2011年版,第26~35页。
[4] 参见李佳薷:"习近平谈绿色发展:留得住青山绿水 记得住乡愁",载http://news.12371.cn/2015/11/09/ARTI1447003693814696.shtml,最后访问时间:2020年3月6日。

奢侈浪费和不合理消费"。[1]绿色消费的实现具有复杂性和系统性，涉及消费理念、消费行为、消费选择等诸多方面，即使从最低层次的"不排放"层面解读绿色消费，浪费也应当是首要被约束和禁止的不当行为。

(三) 食品浪费惩戒与约束的实证分析

中国一向提倡节约、反对浪费，具有深厚的反对奢侈浪费的文化传统以及制度约束。如《周易·否》中的"君子以俭德辟难"，[2]《世要论·节欲》中的"历观有家有国……其失之也，莫不由于奢侈"。[3]除社会发展思想外，这一思想也体现为具体制度，如唐律规定对荒废田地的浪费行为施以鞭笞、徒刑等处罚，[4]且治罪荒芜田地行为的规定一直保留在《大清律例》中；[5]为避免浪费，元代对婚丧嫁娶大摆宴席规定了时间限制和餐饮标准。[6]

---

[1] "开创美丽中国建设新局面——习近平总书记在全国生态环境保护大会上的重要讲话引起热烈反响"，载 http://www.xinhuanet.com/politics/2018-05/20/c_1122859915.htm，最后访问时间：2020年8月25日。

[2] 参见李学勤主编：《周易正义》，北京大学出版社1999年版，第281页。

[3] 参见吕效祖、赵保玉、张耀武主编：《群书治要考译》（第4册），团结出版社2011年版，第363页。

[4] 参见钱大群：《唐律疏义新注》，南京师范大学出版社2007年版，第422~423页。

[5] 参见沈大明："《大清律例》与清代的社会控制"，华东政法学院2004年博士学位论文，第124页。

[6] 徐爱国、潘程："中国反浪费法的法理基础和法律设计"，载《河南财经政法大学学报》2018年第2期。

第四章　法律绿色进路与环境法调整范围的规制价值

中国现行法律对节约资源、反对浪费作出了明确规定。《宪法》第 14 条作出了关于厉行节约、反对浪费的基本规定；《民法典》确立了"绿色原则"，对民事主体节约资源提出了要求，同时在第 509 条第 3 款中对当事人履行合同提出了避免资源浪费的要求；《环境保护法》第 36 条鼓励引导节能、再生产品的使用，以节约资源、减少废弃物产生；《农业法》从"粮食安全"视角提出了要珍惜粮食、节约粮食。目前关于厉行节约、反对浪费的法律规定大多局限于各自的调整领域，作为原则性、倡导性规范出现，或作为立法基本指导，或形成法律原则，从立法层面确立了节约资源、反对浪费的基本要求，但未系统化、体系化。2008 年颁布的《循环经济促进法》初步明确了生产环节节约资源的系统化要求，作出了一系列提高资源利用效率的制度设计，在"减量化"一章就节约资源、减少废弃物方面作出具体规定，如第 19 条要求设计产品包装应当避免过度包装造成资源浪费，第 20 条要求工业节水，第 21 条要求节约石油，第 26 条反对餐饮等服务业浪费。该法除对行为主体作出义务性或禁止性规定外，在"法律责任"中配套规定了法律后果，如第 53 条规定了对未达到开采回采率、选矿回收率等可能浪费矿产资源行为的法律责任。《循环经济促进法》将节约资源、反对浪费落实在具体制度设计中,并在法律责任中对浪费矿产资源的行为规定了法律后果,是反对生产环节浪费的重要法律依据。

除立法外,中共中央将"厉行节约、反对浪费"具体化、制度化,形成了反对食品浪费的具体制度约束。十八大以来,习近平总书记就制止餐饮浪费行为多次作出重要批示。2013年11月,中共中央、国务院出台了《党政机关厉行节约反对浪费条例》,该条例通过十二章65条的规定,为奢侈浪费者和以身试法者划定出制度"红线"及"高压线",构筑起反对浪费的党内法规堤坝,使得党政机关在避免浪费、做好节约工作上有了总的依据和遵循。[1]2014年,中共中央又专门针对反对食品浪费印发了《关于厉行节约反对食品浪费的意见》,随后,国务院各相关部门就反对食品浪费颁行了一系列政策性文件;[2]各地方省委、省政府也随之颁行了反对食品浪费的规范性文件。[3]2020年8

---

[1] 参见人民日报评论员:"厉行节约反对浪费的制度保证",载《海南人大》2014年第1期。

[2] 2014年,中宣部、国家发改委发布了《关于开展节俭养德全民节约行动的通知》,国家粮食局发布了《关于大力促进节粮减损反对粮食浪费的通知》,国家食品药品监督管理总局办公厅发布了《关于推进餐饮业厉行节约反对食品浪费的通知》。

[3] 2014年7月11日,黑龙江省委、省政府颁布了《黑龙江省厉行节约反对食品浪费实施方案》;2014年9月19日,中共北京市委办公厅、北京市人民政府颁布了《北京市厉行节约反对食品浪费实施方案》;福建省委、省政府发布了《关于厉行节约反对食品浪费的实施意见》。除此以外,河北、四川、辽宁、山东、湖南等地也制定出台了关于厉行节约反对食品浪费的指导性文件。

第四章 法律绿色进路与环境法调整范围的规制价值

月，习近平总书记再次指示，强调要加强立法、强化监管，采取有效措施，建立长效机制，坚决制止餐饮浪费行为。目前，反对食品浪费制度从公务用餐、单位食堂用餐、餐饮消费以及粮食损失、食品废弃物资源化等方面，提出了反对食品浪费的具体要求，并提出反对食品浪费工作法制化的要求。通过制度性规范，尤其是通过党内规范反对食品浪费取得了较好效果，浪费数量已经出现了明显的减少。[1]

从域外经验来看，许多国家均就推进节约、反对浪费进行立法。《日本循环型社会形成推进基本法》明确控制消耗天然资源以推动实现循环型社会，还针对容器包装物、家电、食品、建筑资材、废旧汽车等制定了一系列回收法，以提高资源利用率，节约资源。《日本食品回收法》专门针对食品制造、流通、消费环节产生的废弃食品进行规制，以提高利用率，避免食品浪费；《法国反食品浪费法》严厉惩罚食品浪费行为；《意大利反食品浪费法》通过税收减免等手段避免食物浪费。

---

[1] 参见高利伟等："政策对城市餐饮业食物浪费变化特征的影响分析——以拉萨市为例"，载《中国食物与营养》2017年第3期。

二、反食品浪费立法的法理基础

从国内外反食品浪费立法以及制度化实践中可以看到，通过制度约束人类行为，会在制止或减少食品浪费方面产生积极效应。面对行为主体的食品浪费行为，仅依靠道德教化是不够的，应当通过具有强制约束力的法律制度予以规制，推进反食品浪费立法进程。

（一）所有权张力过度释放是行为人浪费的制度诱因

所有权制度为行为人处分财产提供了制度依据，这种处分也包括了行为人"过度"处分财产的行为。浪费是一种道德上的恶，但是从所有权制度视角来看，浪费行为具有法律上的正当性。这是因为，作为私人财产的食品，是财产权制度的合法客体，"私有财产神圣不可侵犯"原则是私主体得以"充分"享有所有权权能的理论依据，貌似为主体浪费自己私人财物披上了"合法"的外衣。在传统所有权制度框架内，所有权主体对其所有、占有的财产进行包括随意丢弃在内的浪费等支配行为，具有法律上的"正当性"；易言之，即使所有权人对其所有物（包括食品）浪费，也属于私权范围内的支配行为。近代以来，"私有财产神圣不可侵犯"原则最大限度地实现了个人自由，推动了经济快速发展。在传统的民法体系内，包括自然资源在内的一切"有用之物"在国内法律制度框架内是所有权的客体，主体具有按照自己意愿自由支配"有用之物"的法律正当性。权利人无论是将购买的物品使用、消费，还是不进行任何消费就直接丢弃并不违反所有权的规定，无法律上的不当性可言。可见，所有权制度为行为主体的浪费行为披上了私法保护的"合法"外衣——权利人对其所有或合法占有的财产享有自由支配的权利，这种权利也包括随意、无意义、不必要的处分。

所有权张力过度释放下的浪费行为背离了资源社会性的要求。浪费行为虽然貌似具有法律上的正当性，但在粮食安全、资源安全、环境安全问题严重的当下，该行为是一种所有权张力过度释放的异化行为，背离了资源社会性的要求。资源社会性理论指出，无论自然资源在法律框架下属于私人所有还是国家所有，其本身具有的多元价值决定了其为全社会提供多元福利，资源及其福利应属于全社会成员共同所有，无论是所有权人还是社会中的其他人，对资源只有合理、节约、高效利用的义务，而无浪费的权利。[1]无论是自然资源的直接浪费，还是经由资源生产加工而成的人造物的浪费，本质上都是对资源的浪费。虽然

---

[1] 参见黄锡生、落志筠："资源的社会性与空置房的法律规制"，载《河北大学学报（哲学社会科学版）》2012年第1期。

人造物与自然资源相比更多地体现为私人物,承载的社会使命较具有公共性的资源环境要弱很多,但是所有人造物的加工制作及其丢弃均与资源环境密切相关。一方面,包含食物在内的所有人造物的加工制作,均需要耗用大量动植物资源、水资源、土地资源,并间接使用矿产、能源资源,不充分发挥这些物的效能就浪费掉,显然意味着对生产过程中已使用的自然资源的浪费;另一方面,食品随意浪费会加重原本已十分严重的环境污染,既超额使用环境容量,又在环境治理中消耗更多自然资源,形成恶性循环。可见,资源社会性理念并不仅仅局限于自然资源,还要延及因自然资源而形成的一切财产之上。浪费,无论针对自然资源还是人造物,无论是个人财产还是社会财产,其最终都将传导至对资源的消耗和环境容量的使用上,背离资源的社会性要求。浪费在历史上存在于少数权贵与特权阶层,而现代消费主义大行其道促进了全社会范围内的"消费革命",主观追逐的浪费随之而来。"20世纪后期的一场消费主义革命正在中国上演,用时之短令人惊诧。"[1]人们在广告和时尚文化的不断"洗脑"中,热衷于超前消费、奢侈消费、攀比消费,甚至将很多还未使用的物品或

---

[1] [美]彼得·N.斯特恩斯:《世界历史上的消费主义》,邓超译,商务印书馆2015年版,第114页。

者仅仅因为不满意就丢弃、浪费掉。[1]食品浪费不仅仅是对未来人使用自然资源的可能性的无情抹杀,更导致了大量当代人挣扎于饥饿线上。消费者的浪费行为之心理根源源于对自尊、虚荣的心理需求,但从制度上分析,则源于既有制度未充分体现资源社会性理念,没有认识到资源、资源产品以及利用资源生产的物品所承载的社会性。这绝不仅仅是消费者的内心需求以及个人行为的选择,更是全社会范围内基于消费主义拉动生产和需求的畸形生产观所致,是制度缺乏合理理论内涵而导致的制度约束不足。

(二)"绿色原则"是约束行为人浪费行为的法律依据

《民法典》第9条要求民事主体在从事民事活动中秉承绿色原则,恪守绿色义务,这为反食品浪费立法提供了支撑。如前所述,行为人主观上的食品浪费行为,从制度上看,由所有权张力过度释放所致。行为人在传统财产所有权制度框架内,在法律未附加义务之时,有权利遵循价值交换规律"随心所欲"地获得物品,以及"随心所欲"地处置物品。在此意义上,浪费表现为所有权的一种"权能"。这种行为实质上是对自然资源、社会资源的不必要

---

[1] 参见赵玲、高品:"消费主义的中国形态及其意识形态批判",载《探索》2018年第2期。

消耗,是对资源社会性的背离。从财产权的本质属性及其历史产生来看,财产权是私人的,是保障私人财产自由的,应当为个人利益所使用,但财产权的行使要考虑公益,应当考虑其服务于私人的使用性和其社会关联性的均衡。[1]所有权概念作为一个私法概念,强调对世性和排他性,但这并不等于财产所有者能够随心所欲、自由地处置自己的财产,[2]而应当担负一定的社会义务。《德国基本法》就要求财产所有者以一种对社会负责的方式行事,即履行"财产承担义务,财产的使用要同时服务于公众利益";[3]同时规定,立法机关本身应当以旨在发展一种"符合社会正义的财产秩序"的方式界定财产权的内容和界限。[4]"近现代民法中,所有权并不是不受限制的、绝对自由的权利",[5]财产所有权的行使应当以一种符合社会正义的、承担适度社会义务的方式完成,而非所有权人绝对地、随意地、任性地支配。近现代民法上基于所有权

---

[1] 参见王耀伟、李梦佳:"美国财产法中的社会义务规范探析",载《合肥工业大学学报(社会科学版)》2019年第3期。

[2] 参见[英]艾琳·麦克哈格等主编:《能源与自然资源中的财产与法律》,胡德胜等译,北京大学出版社2014年版,第485页。

[3] 刘道前:"德国财产权确立及其社会义务之启示",载《人民论坛·学术前沿》2017年第6期。

[4] 参见[英]艾琳·麦克哈格等主编:《能源与自然资源中的财产与法律》,胡德胜等译,北京大学出版社2014年版,第506页。

[5] 参见韩松:"集体建设用地市场配置的法律问题研究",载《中国法学》2008年第3期。

负有义务，且防止所有权滥用，对诸如私人土地所有权、土地使用权的行使设置限制，但是对于像食品这样满足人们基本生活的人造私人物，并没有直接规定权利行使过程中的法律禁止。《民法典》的"绿色原则"实质上是为所有民事行为设定了社会义务——绿色义务。所有民事主体的行为，包括食品的消费行为，都应当有利于节约资源、保护生态环境。

理解反对浪费立法的法理基础，必须要区分自然资源与人造物概念的不同。财产法中财产权的设置是对人造物以及经过人类加工改造的自然资源或资源产品的归属、流转进行规制。人类的加工利用行为使财产与自然相剥离，成为与自然独立的"物"，体现其法律上的独立性。与人造物以及资源产品不同的是，自然资源具有自然属性。虽然可转化为财产的自然资源在财产制度中明确其权属，但并不能割断其自然属性及与自然的关联性。作为财产的自然资源在开发利用中，与资源浪费、资源耗竭、环境污染、环境破坏等自然后果密切相关。事实上，法律在很早之前将土地作为财产进行规制的时候，就注意到了土地的自然属性，在财产权上设置了社会义务。不容忽视的是，并非具有财产属性的自然资源都与自然有着密切联系，即使是纯粹的人类加工物，其在生产过程中也会消耗资源、产生污染，本质上还是与自然发生"千丝万缕"的联系。无视物与自然的关联性，片面地关注人造物的财产所有权，"肆意"行使所有权，会对自然环境产生诸多负面影响，最终影响人类社会发展。所有权人浪费财产以及食物时，既浪费了人造物背后承载的资源、环境容量，也构成对社会正义的破坏，是"坏"的财产秩序。财产权制度内蕴的所有权张力过度释放，已经对资源环境产生了巨大压力，影响人类生存与发展。这就需要重塑所有权制度、构建反浪费制度来纠正这种所有权张力过度释放的偏差。一个可行的路径是：在资源社会性理念下，通过法律制度重塑既有的财产权制度，确立财产权在资源环境领域的社会义务，[1]并将这种义务具体化为包括反浪费制度在内的一系列制度规范。反浪费立法是在"绿色原则"指导下对所有权张力进行的制度约束，能够明确食品消费领域中所有权的社会义务、绿色义务，促使权利人理性、有度地行使权利，避免张力过度释放，抑制浪费行为。

---

[1] 财产权的社会义务，是私人财产为了社会公共福祉所应承受的正常负担，具体表现为除了必须附带补偿的征收，法律制度中还存在诸多对于财产权"不予补偿的单纯限制"。财产权社会义务理念，是对"所有权绝对"理念的反思，其社会经济背景是个人的基本生存状态从主要依赖私有财产到主要依赖社会关联的转变，与社会主义或者"社会国家"观有着密切联系。参见张翔："财产权的社会义务"，载《中国社会科学》2012年第9期。

三、反食品浪费立法的中国路径

(一) 明确反食品浪费立法的法律地位

绿色发展法是人类社会在绿色文明发展观变革下的法律回应，应当包括绿色生产法与绿色消费法两个部分。浪费既存在于生产环节，也大量存在于消费环节。生产环节的浪费行为更多的是由于生产技术有限所造成的客观浪费，即使行为人主观上并不关注节约，也会因成本约束倒逼其尽量减少浪费，节约成本，增加收益；而消费环节的浪费，其成因复杂，控制难度也大。消费环节的浪费行为之所以产生，大概率归因于行为人缺乏主动控制浪费的内在驱动力，反而具有"放任"或"追求"的制度刺激。传统财产权制度在产生之初，着重保护人类的创造性、充分调动人类生产积极性，很少关注到产品与自然资源的关联，忽视人类生产行为与生态系统的统一性，陷入了主客二元对立的情势。这就将财产与自然分割开来，使所有权人能够在财产所有权制度外衣下"任性"行使各种权能，忽视财产与自然资源及环境的密切关联性，最终导致资源耗竭、环境污染等威胁人类生存的严重后果。人类社会虽具有独立于其他生物的社会运行规律，但人类又是生态系统的组成部分，所有人类活动应当首先满足生态规律的要求。在这一整体系统中，任何单纯强调人与人关系而忽略人与生态系统关联张力的看法都是不客观的。人类不能存在于绝对脱离生态系统的"纯粹"的人与人的抽象世界中，人类社会的发展及其法律制度不能仅仅将抽象的人与人关系作为调整对象，应当考虑到人与生态之间的交互、限制、促进以及回应。传统财产法中的所有权制度确立之时，人与环境的矛盾尚未恶化，法律抽离了人与环境的交互回应关系后，对"纯粹"的人与人之间的财产关系进行了回应。当下，面对人与自然的严重冲突，绿色发展已成为人类发展的主旋律，社会义务以及生态环境义务已经上升为每个人在自由行使所有权时必须承担的义务，这是维持人类生存和发展的底线。人类活动不能突破生态环境承载力底线，这一底线需要制度刚性约束，绿色发展法应运而生。

绿色消费法与绿色生产法构成绿色发展法的二元结构，而反浪费立法则是绿色消费法中的核心内容。目前，《循环经济促进法》《清洁生产促进法》《节约能源法》对绿色生产作出了相应规定，《环境保护法》以及各污染防治单行法极为关注生产环节"绿色化"（如通过环境影响评价制度减少浪费资源、污染环境的项目上马）。消费领域的"绿色化"体系则尚未形成。法律之所以更加关注生产环节的"绿色化",是因为工业生产导致的环境问题触目惊心,但消费活动对产品的需求显然回溯到生产行为,严重的浪费刺激无意义生产行为的扩大。浪费是长期以来人们主动选择的一种不可持续的消费方式,其破坏性非常严重。绿色发展要求全社会的生产、消费均与自然和谐,要建立人与生态良性互动的生产方式与消费方式。法律作为对社会主体行为约束的规则体系,应当对浪费这种非绿色行为予以约束。《民法典》的"绿色原则"即是对绿色发展的回应,为私主体的民事行为设置了"绿色义务"。反食品浪费立法可在此基础上构建食品消费"绿色化"制度约束体系,通过禁止性或促进性的法律规定约束消费行为,使消费内容和比例流向低资源环境成本消费,通过消费行为反向调节生产,促进生产与消费形成一个以"绿色"为本位的循环统一体。绿色消费是一项系统工程,涉及消费理念、消费行为、消费选择等诸多方面,即使从最低层次的"不排放"层面解读绿色消费,浪费也应当是首要被约束和禁止的不当行为。反食品浪费是绿色消费法律体系中的核心内容。

(二)构建"循环型"反食品浪费立法制度体系

人类历史上反对奢侈浪费,在不同社会历史条件下,形成了不同的反浪费立场,大致经历三个阶段。第一阶段是"节俭型反浪费"阶段。这一阶段多存在于经济欠发达时代，物质资料匮乏，人类需求无法获得充分满足，于是号召大家节俭，以节约物质资料，满足基本生存需要，缓解物资匮乏。[1]此时反对浪费仅仅出于人类生存需要的满足，尚未考虑环境保护需求，在形式上也多表现为道德教化，极少出现法律约束。第二阶段是"回收型反浪费"阶段。随着经济发展进步，人类对生产生活中产生的尚具有一定使用价值的废弃物开始关注，思考如何"变废为宝"。此时反浪费的核心在于提供更多物质资料以提高人类经济福利，而非与环境、生态和谐相处，但其在客观上减少了环境污染产生，并在一定程度上节约了自然资源，具有初级环保目的，同时使得法律制度保障回收利用得以实现。如2000年的《日本食品再生法》，是针对丢弃食品再生产、再利用的专门立法，目的在于通过法律制度确保变废为宝，提高资源利用率，体现了"回收型反浪费"的要求。第三阶段是"循环型反浪费"阶段。这一阶段是为了应对严重的人与自然矛盾冲突，通过改变经济增长方式、推动绿色发展，以实现人与自然的和谐相处。这一阶段的

---

[1] 如古代文化中关于节俭、反对浪费的经典论述就是出于节约、节省之目的。参见《论语·学而》："节用而爱人，使民以时。"《墨子·节用》："是故古者圣王制为节用之法。"（北齐）颜之推的《颜氏家训·勉学》："素骄奢者，欲其观古人之恭俭节用，卑以自牧。"（宋）巩丰的《巩氏后耳目志·杂言》："治生莫若节用，养生莫若节欲。"

反对浪费模式具有明确的生态环保目的,是人类进入生态文明时代后的选择,其既是对人类生存条件的反思与保护,更是对人与自然关系的升华。

"循环型反浪费"的实现无法依赖道德教化或零星规范回收利用的法律规范,而是需要系统法律制度予以保障。"循环型反浪费"是具有环境法灵魂的反浪费模式,反食品浪费立法应当满足"循环型反浪费"的内核要求,构建起完整的"循环型反浪费"制度体系。当前,中共中央提出的"厉行节约,反对浪费"以及《党政机关厉行节约反对浪费条例》,是在传承中华民族勤俭节约的传统美德基础上,融入现代绿色发展理念的时代选择,是对在"人—社会—自然"的闭合互动系统中对绿色生产与绿色消费路径的革新,具有"循环型反浪费"的时代内核。反食品浪费立法也应当在"循环型反浪费"的路径下展开,深刻关注人与资源、环境、生态和谐的生态顶层设计,实现绿色发展。具有"循环型反浪费"内核的反食品浪费立法,应当立足于约束消费领域基于所有权张力过度释放的食品浪费行为,将其约束体现在生产、流通、消费全环节,而并非单纯局限于消费环节的浪费禁止。"循环型反浪费"应当是包括生产、流通、消费、处置全流程的完整闭环,是从小环节到大循环的减量化、再利用、再循环,以反对浪费为抓手,促进绿色消费,倒逼绿色生产,实现全社会的绿色发展。反食品浪费立法不仅是单纯对浪费行为的末端禁止,而应当是将反对浪费与促进绿色产业发展"深度融合",利用制度杠杆减少食品浪费,促进主体对剩余产品的再生利用,继而降低全社会的资源环境总成本的制度体系,对促进产业升级转型具有重要意义。只有在此意义上,才能实现反对浪费推进下的循环发展、绿色发展。

(三) 防范国际绿色壁垒

反食品浪费立法需关注国际反浪费绿色标准,为中国食品行业参与国际竞争破除壁垒。目前,随着全球环境保护运动的推进,人们的环境保护意识逐渐增强,人们的思维方式、价值观念、消费心理出现了不同程度的"绿化","绿色消费"、环保产品逐渐成为热词,影响着消费者的消费选择。无论是国内市场,还是国际市场,消费者对环境友好商品的选择倾向越来越明显,在国际市场上,以资源节约、环境保护为内容的贸易壁垒逐渐出现。目前,国际贸易中的绿色壁垒范围正在不断扩大,涉及生活用品、家居用品、家电用品等上千种商品,种类占到总数的76.2%,且这种扩大将延伸到全产业链,原料投入、生产方式、包装、运输、销售、售后,甚至工厂厂房、后勤设备、操作人员均可能被涉及其中。[1]从国际趋势来看，应当防范国际社会以"反浪费"为由创设"绿色壁垒"。欧盟在"反浪费"法律规制上步步为营，极可能最终出现以未达到反浪费绿色标准为由，限制产品进入欧洲市场的尴尬情形。欧洲反浪费实践和立法是一个长期规划，从1975年欧盟制定的第一部有关限制"浪费"的指导性文件出台，到2016年法国率先颁布《反食品浪费法》，在长达40年里，欧洲从概念明确，到路线设计，最后推动法律出台，形成逐步推进、不断完善的"反浪费"完整过程。一旦欧洲各国均形成明确的反浪费法律体系，则欧盟国家可能以进入欧洲市场的产品不符合这一领域立法标准为由，拒绝中国产品进入欧洲市场，形成"产业壁垒"。彼时，欧洲市场若以其完备的法律制度与站在"绿色环保"制高点上的道德优势对中国企业及产品发难，中国企业将较为被动。[2]"反浪费"在直观减少资源消耗量、减少污染物排放量、减少生态系统干扰方面积极意义明显；同时"反

---

[1] 刘伟："论国际贸易中的绿色壁垒"，载《法制博览》2017年第4期。
[2] 如欧盟于2018年5月25日生效的《通用数据保护条例》（GDPR）在个人数据主体权力强化、数据控制者和处理者责任加强以及跨境传输原则多样化三个方面的规定发生了较大变化，将使得我国相关企业合规成本增加，短期内中国"涉欧"数字企业在欧盟市场上推进速度及创新速度下降，甚至可能因违反该条例而付出高昂的经济代价。参见弓永钦："欧盟数据隐私新规则对我国'涉欧'数字企业的影响及应对"，载《国际经济合作》2019年第2期。

浪费"也并非简单粗暴地要求减少物的使用量,而是强调"物尽其用"。反浪费立法除对浪费行为直接管制外,对生产消费过程中必然出现的"废弃物"提出了"再循环、再利用"的要求,两相结合将催生一个巨大的"再生"产业,符合中国当下的产业转型之要求,也是对国际贸易的预设性保护。以反食品浪费立法对接国际反浪费立法制度体系,先行先试,进而推动系统的反浪费制度体系建设,无疑是推进中国产业绿色化的有益尝试,能够为中国企业及产品参与国际竞争保驾护航。

(四) 推动反食品浪费单行法出台

绿色发展背景下的"循环型反浪费"既包括"反对浪费",还包括"产业促进",是一项系统工程,未来可借鉴反食品浪费的党内立法经验,分步骤实施,以推动《反食品浪费法》立法为核心,对食品浪费实现强制与引导"双管齐下"的法律规制。

第一,以《民法典》"绿色原则"作为所有权生态义务限制的基本依据展开反食品浪费立法。"浪费问题的法律约束正是在保护私法自治基础上限制所有权理念的体现。"[1]《民法典》第9条的绿色原则为反食品浪费立法、

---

[1] 参见人民日报评论员:"厉行节约反对浪费的制度保证",载《海南人大》2014年第1期。

第四章 法律绿色进路与环境法调整范围的规制价值

限制食品消费者的部分所有权提供了基本法依据,反食品浪费立法可以据此明确消费者的节约义务。

第二,借鉴反食品浪费党内立法经验,推动国家立法。目前我国已经作出了具有"循环型反浪费"的时代选择,对反对食品浪费进行了党内立法并取得了良好效果,但《关于厉行节约反对食品浪费的意见》主要规制了官员的吃喝浪费之风,全民性的浪费食物现象仍需加强立法。[1]将党内立法上升为系统的国家立法,有助于扩大反对食品浪费的适用范围,在全社会范围内建立起法律制度约束,力争形成"不能浪费"的防范机制、"不敢浪费"的惩戒机制、"不易浪费"的保障机制以及"不愿浪费"的激励机制。2020年8月,习近平总书记强调要加强反食品浪费立法。2020年12月22日,第十三届全国人大常委会第二十四次会议审议全国人大常委会法制工作委员会提出的《反食品浪费法(草案)》。2021年4月29日第十三届全国人大常委会第二十八次会议通过并施行了《反食品浪费法》。

第三,《反食品浪费法》是整个绿色消费立法领域中反浪费立法的重要组成部分,是"先行先试"的"排头

---

[1] 参见皮剑龙:"完善立法监管 遏制餐饮浪费",载《人民政协报》2020年8月25日。

兵"。绿色发展要求实现绿色生产与绿色消费，目前，对绿色生产的法律规制虽然没有体现出系统性效应，但相对于绿色消费而言，其已经迈出了第一步。针对消费环节的反对浪费立法因受到所有权制度的冲击而具有更大的难度。笔者认为可以借鉴法国的做法，从食品浪费领域"反浪费"进行立法实践，待到条件成熟后，再推进统一的"反浪费法"或者构建全面完整的绿色"反浪费"法律体系。目前，《反食品浪费法》对食品浪费的定义、反食品浪费的原则和要求、政府及其部门职责、各类主体责任、监管措施、法律责任等作了规定。[1]将现有政策性文件中反对食品浪费的规定制度化，上升到国家立法，提高了其效力位阶，使之具有更强的约束力；同时，反食品浪费立法将规制对象从党政主体扩大到全社会主体，将反食品浪费变成全民义务，可通过消费者在消费环节的行为规制，倒逼生产环节的"绿色化"，推进绿色产业的发展。

第四，《反食品浪费法》应当立足于消费环节的浪费行为，区分了消费环节中不同主体产生食品浪费的不同动因，规定了不同的约束方式。《反食品浪费法》凸显了分类治理、约束与倡导相结合的立法思路，依据不同主体在

---

[1] 参见于浩："立法'一粥一饭'反浪费"，载《中国人大》2021年第1期。

减少食品浪费上内在驱动力差异,按照主体类别分类出台相应规制措施,区分适用强制性或促进性法律措施,实现反食品浪费与绿色产业促进的目标。该法包括32条规定,针对反食品浪费中的热点问题作出了回应,但依旧存在进一步完善的空间。例如,进一步明确公务活动用餐的标准;对超市便利店、单位食堂、餐饮企业等营利性机构,通过严格市场准入、增加强制性监管等方式,约束引导生产经营理念和行为的转变;对经营性机构的废弃物再循环、再利用则要进一步出台促进性与强制性相结合的方式,推进"物尽其用";对大众消费者则通过"促进"方式引导消费者实现节约,反对浪费,比如设置购物引导、储存引导、烹饪引导、处置引导等行为规则,逐步建立起绿色消费的社会环境以及法律环境,[1]最终通过对消费者行为的改变反作用于生产,影响生产数量与产品类型,实现全社会范围内的绿色发展。通过分类施策,反食品浪费法从"不敢浪费""不能浪费""不愿浪费"的不同视角对浪费行为进行约束;通过促进技术进步等方式客观上减少浪费,实现"不易浪费"。

---

[1] 参见成升魁等:"科学立法制止餐饮浪费的若干问题——'食物节约立法'专家笔谈",载《自然资源学报》2020年第12期。

四、小结

浪费广泛存在，从社会生产流程来看，资源开发环节、物品生产运输保管环节、产品消费环节均存在浪费；从行为主体看，生产者、经营者、消费者或者说是组织和个人，均存在浪费；从浪费的对象看，自然界中的自然资源及能源，人类社会的原材料、产品、食物均存在浪费。规制多领域、多因素导致的浪费现象，需要约束行为人的法律规则。反对食品浪费，既是节约自然资源、保护环境的客观需求，也是解决国人的吃饭问题，促进产业转型以及对接国外市场的应有考虑。"循环型反浪费"立法应当立足于顶层生态设计，从立法理念、法律制度、调整手段等各方面适应绿色发展、绿色消费的需求，形成行之有效的法律制度体系，推动中国绿色发展。《反食品浪费法》率先进行食品领域的反对浪费之立法实践，迈出了中国反浪费立法进程的第一步，对于构建系统的反浪费立法体系意义重大，开启了通过立法推动消费环节资源节约、环境保护的新篇章。

第五章

法律整合进路与环境法调整范围的保障价值

——以碳达峰、碳中和立法为对象

一、引言

在习近平生态文明思想的引领下，我国提出了碳达峰、碳中和的国家环境战略，目的在于回应全球气候变化的现实需求，在重点地区和企业行业推进实施，促使社会生产与生活的全局性改革与持续性发展。[1]目前理论界较为关注的是传统行业内部、[2]城市治理、[3]企业公司和公

---

[1] 参见王会芝：“高标准推进碳达峰碳中和”，载《天津日报》2021年8月30日。

[2] 参见卢纯：“开启我国能源体系重大变革和清洁可再生能源创新发展新时代——深刻理解碳达峰、碳中和目标的重大历史意义”，载《人民论坛·学术前沿》2021年第14期；高坍："如何利用化石能源推动碳达峰、碳中和"，载《中国矿业报》2021年9月7日；朱妍："为碳达峰碳中和贡献'氢'能量"，载《中国能源报》2021年9月6日。

民个人[1]如何达成"双碳"目标,而对于新兴的大数据技术如何赋能碳达峰、碳中和,尤其是如何在法治[2]的轨道上保障实施的研究并不多见。

碳达峰、碳中和的提出背景与复杂多变的国际国内环境密切相关。20世纪80年代后期,联合国组织了政府间气候变化专门委员会,开始研究气候变化问题,指出工业革命以来由于二氧化碳等温室气体的排放带来气候变暖,而这种变化将会危及人类的生存循环系统。世界主要国家陆续提出碳中和的时间节点,采取相关措施,推动碳减排(如表5-1)。

表5-1 主要国家的碳排放达峰时间和承诺实现碳中和时间

国家	碳达峰时间	碳中和时间
英国	20世纪70年代初达到峰值后,较长时间处于平台期,目前排放相对于峰值水平下降约40%	2050年

(接上页)〔3〕参见闫晶、张翰舟:"碳达峰碳中和先行城市的经验、挑战和启示",载《上海节能》2021年第8期。

〔1〕参见赵建军:"中国实现碳达峰和碳中和任重道远",载《中国党政干部论坛》2021年第4期。

〔2〕参见王江:"论碳达峰碳中和行动的法制框架",载《东方法学》2021年第5期;高桂林、陈炜贤:"碳达峰法制化的路径",载《广西社会科学》2021年第9期;韩立新、逯达:"实现碳达峰、碳中和多维法治研究",载《广西社会科学》2021年第9期。

第五章　法律整合进路与环境法调整范围的保障价值

续表

国家	碳达峰时间	碳中和时间
德国	20世纪70年代末达到峰值后,较长时间处于平台期,目前排放相对于峰值水平下降约35%	2050年
美国	2007年达到峰值后,呈缓慢下降趋势,目前相对于峰值水平下降约20%	2050年
日本	2013年的排放水平是历史最高,未来趋势还有待观察	2050年
韩国	韩国排放还未达到峰值	2050年
中国	2030年之前（预计）	2060年

2015年12月,在中国、美国、欧盟等各方努力下,《巴黎协定》于法国巴黎签订,该协定要求在21世纪末将全球的温升与较工业化之前控制在2摄氏度以内,并为控制在1.5摄氏度以内而努力,并提出了在21世纪下半叶全球实现碳中和的要求。2018年10月,联合国政府间气候变化专门委员会报告认为,为了避免极端危害,世界必须将全球变暖幅度控制在1.5摄氏度以内;若全球气温升温不超过1.5摄氏度,那么在2050年左右,全球就要达到碳中和;若不超过2摄氏度,则2070年全球要达到碳中和。严峻的形势促使各国携手起来采取重大行动共同应对气候变暖,当前已有121个国家提出2050年实现碳中和的目标或愿景。2020年9月22日,习近平主席在第七十五届联

合国大会一般性辩论上宣布,力争 2030 年前二氧化碳排放达到峰值,努力争取 2060 年前实现碳中和。中国是世界最大的碳排放国,占世界能源碳排放总量的 28.8%,中国政府作出的承诺,对全球碳达峰与碳中和具有至关重要的作用(如表 5-2)。

表 5-2 碳达峰、碳中和涉及的核心概念

序号	核心名词	核心内涵
1	碳达峰	指二氧化碳排放量达到历史最高值,然后经历平台期进入持续下降的过程,是二氧化碳排放量由增转降的历史拐点,标志着碳排放与经济发展实现脱钩,达峰目标包括达峰年份和峰值。
2	碳中和	指某个地区在一年内人为活动直接和间接排放的二氧化碳,与其通过植树造林等吸收的二氧化碳相互抵消,实现二氧化碳"净零排放"。碳达峰与碳中和紧密相连,前者是后者的基础和前提,达峰时间的早晚和峰值的高低直接影响碳中和实现的时长和实现的难度。
3	碳源	指向大气中释放二氧化碳的过程、活动或机制。
4	碳汇	指从大气中清除二氧化碳的过程、活动或机制,主要是指森林吸收并储存二氧化碳。碳源与碳汇是两个相对的概念。
5	碳捕捉	指捕捉释放到空气中的二氧化碳,安全地存储于地质结构层,从而有效地减少对大气排放二氧化碳。
6	碳税	指根据化石燃料燃烧后二氧化碳排放量收取的费用。

续表

序号	核心名词	核心内涵
7	碳补偿	指通过统计二氧化碳排放总量，然后计算抵消这些二氧化碳所需的经济成本，然后自愿付款给专门企业或机构，由他们通过植树或其他环保项目，抵消大气中相应的二氧化碳量，从而达到环保目的。
8	碳排放权交易	碳排放权交易的概念源于20世纪经济学家提出的排污权交易概念，排污权交易的一般做法是：政府机构评估出一定区域内满足环境容量的污染物最大排放量，并将其分成若干排放份额，每个份额为一份排污权。政府在排污权一级市场上，采取招标、拍卖等方式将排污权有偿出让给排污者，排污者购买到排污权后，可在二级市场上进行排污权买入或卖出。

我国推进碳达峰、碳中和具有重要的理论与实践意义。碳达峰、碳中和是中国低碳发展战略演化的必然。因此，在当前大数据时代，为了实现碳达峰、碳中和的目标，需要强调"数字化脱碳"，进而从智能电网到清洁能源，从工业互联网到未来低碳工厂再到数字低碳经济，从智慧城市到低碳城市的生态环境治理和绿色发展脉络，形成"数字碳达峰、碳中和"的基本课题，通过数字化、绿色化整合资源，共同推进"双碳"目标的实现。[1]在根本意义上，这需要强调数字化改革传统产业的基本路径和法

---

[1] 宋可嘉："'实现"双碳"目标离不开数字化'——中华环保联合会副主席兼秘书长谢玉红诠释数字碳中和"，载http://www.nbd.com.cn/articles/2021-09-07/1905416.html，最后访问时间：2021年9月10日。

治化保障市场主体的基本要求，通过法治化手段促进数字技术与碳达峰、碳中和的深度融合。本章将在新兴科技与碳达峰、碳中和融合的背景下，提出数字碳达峰碳中和的技术原理，并通过法治保障的价值引领、关键制度构建和各个主体协同发展方面提出具体的法律应对之策，形成碳达峰、碳中和的数字化、绿色化和法治化之协同推动，抛砖引玉，以求教方家。

二、层次与问题：碳达峰、碳中和推进实施的现状分析

（一）中央—地方的整体协调互动不足

生态系统是一个开放性的复杂巨系统，要解决"双碳"问题需要运用系统思维，站在中央与地方全局的角度和建设生态文明的高度进行考虑和规划。[1]例如，我国实施低碳发展国家战略，自"十一五"以来，在每个五年规划中都确立节能减碳的约束性目标。[2]通过中国低发展战略演化过程和内在逻辑分析可以发现，中国低碳战略目标的演进总体上呈现如下三个特征：一是目标被不断强化且

---

〔1〕 参见欧阳志远等："'碳达峰碳中和'：挑战与对策"，载《河北经贸大学学报》2021年第5期。

〔2〕 项目综合报告编写组等："《中国长期低碳发展战略与转型路径研究》综合报告"，载《中国人口·资源与环境》2020年第11期。

第五章 法律整合进路与环境法调整范围的保障价值

当下战略维度高、推进节奏强。即随着中国低碳发展进程的不断深化和世界应对气候变化形势的变化,中国的低碳战略目标越来越积极,且自 2020 年 9 月首次提出碳达峰、碳中和目标后,中央和国家层面部署高度、广度、强度、速度均全面提升。二是从隐性目标到显性目标。即从节能这一间接、隐性的碳减排目标逐步过渡到直接的碳强度减排目标,继而演进到碳达峰、碳中和等碳总量控制目标。三是目标逐渐多样化、结构化。即低碳目标从隐性向显性演进过程中,隐性和显性目标均被保留,从而形成了包括节能、能源结构优化、能源消费总量控制、碳强度下降、碳总量控制在内的多样化、结构化目标体系。[1]

而从我国工业化发展阶段、能源结构、碳中和起点强度等方面来看,实现"双碳"目标面临着多重阻力和艰巨的挑战。这就需要我们运用政治、经济、科技、法律等手段,综合考虑减排与增汇两种途径,从能源效率、能源结构、产业结构等方面入手,以关键性问题为导向,从新兴技术和法律制度等层面多维发力,逐一突破,推动经济社会系统全面实现绿色低碳转型。[2]在中央层面"双碳"目

---

〔1〕 参见张友国:"碳达峰、碳中和工作面临的形势与开局思路",载《行政管理改革》2021 年第 3 期。
〔2〕 参见欧阳志远等:"'碳达峰碳中和':挑战与对策",载《河北经贸大学学报》2021 年第 5 期。

标确定以来,"做好碳达峰、碳中和工作"就被列入了"十四五"规划重点任务,地方层面也积极谋划提前达峰并力争早日中和,但是中央与地方的整体协调互动仍然不足,存在碳市场缺乏国家层面的立法依据和全国统一的规则等问题。[1]例如,国家级可再生能源示范区盐城和张家口的能源供给体系,在推进过程中仍面临诸多难题,主要包括因缺乏国家标准而导致的区域和重点领域碳排放、碳汇能力测算不够精确,省级乃至国家重点项目用能增长导致碳达峰、碳中和年份存在不确定性等问题。[2]

(二)法治供给不足

随着低碳发展战略的不断强化,中国的低碳发展政策体系也快速完善起来。一是围绕节能减排形成一系列政策法规,间接为低碳发展政策体系的建立铺垫了良好的基础。[3]二是围绕应对气候变化特别是控制温室气体排放

---

[1] 参见曹明德:"中国碳排放交易面临的法律问题和立法建议",载《法商研究》2021年第5期。

[2] 参见闫晶、张翰舟:"碳达峰碳中和先行城市的经验、挑战和启示",载《上海节能》2021年第8期。

[3] 自"十一五"以来,中国先后制定实施了《节能减排综合性工作方案》《"十二五"节能减排综合性工作方案》《节能减排"十二五"规划》《"十三五"节能减排综合性工作方案》,并对《节约能源法》进行了修订和修正:2007年修订的《节约能源法》,将节能法律适用范围增加了交通、建筑、公共机构节能等内容,进一步完善了节能管理制度,特别是对财政补贴、税收优惠、信贷支持等节能经济政策作出了法律绿色发展规定;2018年修正的《节约能源法》,进一步强化了节能标准体系和监管制度,更加注重市场调节功能的发挥及其与政府管理的有机结合,使节能管理和监督主体的法律责任更加明确。

第五章　法律整合进路与环境法调整范围的保障价值

工作，国家制定的一系列战略、规划和政策直接强化和完善了低碳发展政策体系。[1]三是地区层面的低碳发展制度体系取得长足进展，与国家层面的政策相互衔接、支撑，使整个国家的低碳发展制度体系更加立体、完整和贯通。[2]

但是，在碳达峰、碳中和的实施过程中，明显体现出政策主导的意蕴，主要由中央顶层设计加以推动。而在政府、企业以及网络平台的行动方案中，较为欠缺的是法治

---

[1] 1994年国务院通过的《中国21世纪议程》就已经提出了适应气候变化的概念，中国正式启动应对气候变化工作。2007年制定并开始实施的《中国应对气候变化国家方案》（已失效）是中国第一个应对气候变化的国家方案，也是发展中国家最早的一部应对气候变化国家方案。此后，中国又陆续制定了《国家适应气候变化战略》《国家应对气候变化规划（2014—2020年）》以及《"十二五"控制温室气体排放工作方案》《"十三五"控制温室气体排放工作方案》，将应对气候变化上升为国家重大战略，从体制机制、能力建设、财税等多个方面对低碳发展作出了政策和制度安排。此外，从2008年开始每年发布的《中国应对气候变化的政策与行动》，向世界展示中国应对气候变化的总体部署、相关立场和取得的进展。这一系列工作使中国的低碳发展政策体系和体制机制建设在很短时间内便取得巨大进展。

[2] 一方面，国家层面的大力支持有效地促进了地区层面低碳发展政策的完善。其中，国家发展和改革委员会于2010年、2012年和2017年先后组织开展的三批低碳省区和低碳城市试点工作，将87个城市或省区纳入试点工作。各试点地区大力推进本地区低碳试点工作的途径主要包括编制规划、建立相应体制机制，优化产业结构，加快推进统计、监测基础体系建设以及积极倡导低碳生活方式四个方面。此外，国家发展和改革委员会在北京市、天津市等7个城市开展了碳排放权交易试点工作。另一方面，试点地区积极开展的各项低碳发展推进工作，也为国家的低碳发展战略、规划和政策体系制定提供了很好的经验和参考，从而为全国低碳工作的推进打下了坚实的基础。特别是"十三五"以来，广东、江苏、湖北、上海、湖南等地区启动了近零碳排放区示范工程建设，在大力推动低碳技术和管理模式方面取得了明显进展，积累了宝贵经验。

供给和法律规范框架。虽然中央已经出台了一系列与碳达峰、碳中和相关的政策文件，但碳达峰、碳中和的相关立法亟待加快推进，毕竟仅仅依靠政策文件而不依靠法律制度，很难解决碳达峰、碳中和推进过程中面临的诸多体制机制问题。而在碳达峰、碳中和的技术保障方面，尤其欠缺新兴技术的法律保障机制。反观我国相关环境保护法律体系，作为基础的国家应对气候变化专门立法缺失，直接可能导致"双碳"目标实施过程中的刚性不足。例如，全国碳市场建设应尽快推动出台《碳排放交易管理暂行条例》，通过法治手段构建推进"双碳"战略实施的法律权利保障机制和法律责任追究机制。[1]而在政府、企业等主体的减污降碳方面，也较为欠缺有关法律大数据、区块链、人工智能等应用的法律激励机制和适用规范依据，使得技术协同增效的目标难以达成。这些集中映射了我国碳达峰、碳中和行动的法制框架的关键缺失。[2]

（三）技术支撑问题

绿色、新能源、信息技术是实现"碳中和"的根本途

---

〔1〕 张昕："以碳达峰、碳中和为引领深化建设全国碳排放权交易市场"，载《中国生态文明》2021年第2期。

〔2〕 参见王江："论碳达峰碳中和行动的法制框架"，载《东方法学》2021年第5期。

第五章　法律整合进路与环境法调整范围的保障价值

径。经过多年发展,目前我国在可再生能源、新能源汽车等领域处于世界领先地位,拥有强大装备制造能力与国内超大规模市场优势,掌握核心技术和关键产业链优势。[1]可以说,在未来堪称以人工智能、互联网、清洁能源技术为代表的第四次工业革命中,我国已经做好准备,很多领域都处于领先地位,为实现"碳中和"目标奠定了良好的技术基础。[2]

但是,碳达峰、碳中和依赖于系统、复杂的技术体系,需要全方位的科技支撑。目前,相关重点领域的很多技术还不成熟,需要加大科研攻关力度,加快提升科技支撑能力。在全球范围内,气候变化与生态环境的破坏,导致全人类的生活家园及其环境质量越来越低,碳达峰、碳中和的推进实施需要在技术维度上更进一步,通过技术支撑手段克服气候环境恶劣的重大挑战。[3]例如,2021年7月16日,全国碳排放权交易市场正式上线交易,这标志着我国朝着碳达峰、碳中和的目标又迈出了坚实的一大步,同时需要进一步促进"双碳"蓝图引领5G、IDC高质

---

[1] 参见"如期实现'碳中和'具备良好基础",载《经济日报》2021年3月18日。
[2] 参见刘满平:"我国实现'碳中和'目标的挑战与政策建议",载《当代石油石化》2021年第4期。
[3] 参见傅翠晓:"碳达峰、碳中和的五大重点关注领域",载《张江科技评论》2021年第4期。

量发展和绿色新基建构建。[1]

(四) 实施过程中的运动式"减碳"问题

中国在节能技术发展与应用、能源结构优化和产业结构转型升级等方面取得的明显成效，为碳达峰、碳中和工作奠定了良好的物质基础。一是节能技术的应用大大提升了各部门的绿色发展能源效率，使能源强度持续下降。[2]二是非化石能源发展成效明显，使中国的能源结构不断低碳化。[3]三是供给侧结构性改革大大推进了产业结构的优化和低碳化。[4]

但是，在我国碳达峰、碳中和的实施过程中，需要防止运动式"减碳"的问题。所谓运动式"减碳"，就是在碳达峰、碳中和过程中，有关主体采用非常规、非规范

---

[1] 参见姜红德："'双碳'蓝图引领5G、IDC高质量发展——中国绿色新基建论坛第一期圆满落幕"，载《中国信息化》2021年第8期。

[2] "十一五"期间，节能减排工作的大力推进使全国单位GDP能耗下降19.1%，基本达到预期目标；"十二五"期间全国单位GDP能耗下降18.2%，超过既定下降16%的目标；国家统计局网站公布的数据测算，"十三五"前四年全国单位GDP能耗就下降了13.4%，已经十分接近整个"十三五"全国单位GDP能耗下降15%的既定目标。

[3] 根据国家统计局网站公布的数据，中国非化石能源消费总量在2010年至2019年间增加了1.2倍，年均增长9.1%。与此同时，非化石能源占能源消费总量的比重从9.4%上升至15.3%，而煤炭占能源消费总量的比重则从69.2%下降至57.7%。

[4] 根据国家统计局网站公布的数据，近年来中国三次产业中第三产业的比重持续上升，已经从2010年的44.2%上升至2019年的53.9%；而第二产业的比重则从2010年的46.5%降至39.0%。由此可见，中国已经呈现出明显的服务业主导型产业结构。特别是中国政府大力推行供给侧结构性改革以来，行业内部结构得到显著优化。

性、非持续性的方式推进节能减排、盲目推进。例如，虽然有些地区和部门积极推进碳达峰、碳中和相关工作，但在工作中确实出现了有些地方、行业、企业的工作着力点有所"跑偏"，"抢头彩"心切，碳中和"帽子"满天飞。[1]因此，需要积极加强法治保障，推动碳达峰、碳中和的规范化开展；积极应用新兴技术手段推进碳达峰、碳中和的数字化运行。例如，在有些国家和区域，已经积极开展新兴技术研究，为碳中和提供数字化支撑，并且在数字化的过程中，通过立法或修法的形式巩固改革成果并提供法律保障。[2]

三、价值与逻辑：碳达峰、碳中和与数字技术、法治的关系协调

长期低碳发展战略是一个目标导向下的综合性发展战略，既是一个硬性指标，也是贯彻新发展理念、推动我国经济持续高质量发展的必然要求，需要付出更为艰苦卓绝的努力、更大规模的投资和更大的成本代价，需要将其作为新时代社会主义现代化建设总体目标和总体战略的重要

---

[1] 参见张蕾："纠正'运动式'减碳，必须先立后破——访国务院发展研究中心资源与环境政策研究所副所长常纪文"，载《光明日报》2021年9月4日；刘诗萌："运动式减碳再遭痛批！"，载《华夏时报》2021年8月23日。
[2] 参见蒋佳妮："实现碳达峰、碳中和要完善法律手段"，载《学习时报》2021年8月25日。

部分,并纳入总体发展战略和部署,进行超前部署和规划。应对气候变化与我国节约资源、保护环境的基本国策在目标和政策取向上相一致,实现绿色低碳循环发展是我国社会主义现代化建设的重要目标和途径,是生态文明建设的核心内容,是我国环境法律体系完善需要着力的关键领域,也是为保护地球生态安全、为全人类共同利益的大国责任担当。[1]

因此,要把实现碳中和与21世纪中叶实现现代化强国建设目标相协调,统筹部署和推进。要把2030年碳达峰目标纳入社会主义现代化建设"第一阶段"战略规划和重点任务之中,落实行动措施,实现国内环境质量根本好转与落实国际减排承诺的"双达标",促进经济高质量发展。把21世纪中叶实现全经济尺度、所有温室气体深度减排目标纳入国家"第二阶段"社会主义现代化建设的总体目标和战略,在建成社会主义现代化强国和美丽中国的同时,形成绿色低碳循环的产业体系和以新能源与可再生能源为主体的近零排放能源体系,能源和资源利用效率达国际先进水平。总之,应将碳达峰、碳中和作为新时代社会主义现代化建设总体目标和总体战略的重要部分,并纳

---

[1] 参见项目综合报告编写组等:"《中国长期低碳发展战略与转型路径研究》综合报告",载《中国人口·资源与环境》2020年第11期。

入总体发展战略和部署。将碳达峰、碳中和的环境法律体系纳入中国特色社会主义法律体系与法治体系，从而统筹国内国际两个大局，在实现中华民族伟大复兴中国梦的同时，为全球生态文明建设和构建人类命运共同体作出中国新的贡献。[1]

（一）在宏观层面，需要注意经济社会的良好发展和国家治理体系和治理能力中的数字、法治的角色和作用

第一，实现"双碳"过程中，如何处理市场经济、绿色经济与法治经济的关系问题，需要数字技术的服务作用和法治规范的保障作用。例如，浙江充分整合各方力量，积极建设"双碳"智慧平台，按照"跨领域、场景化""大场景、小切口"要求，目的在于提高各种数据的利用程度，协同处置数据与算法，创建评估标准与法律规范体系，为碳达峰、碳中和提供先进的治理平台，全流程进行可视化地监控、管理与预测。[2]再如，作为全国首批开展碳排放交易试点地区，北京碳市场积极探索相关绿色金融产品创新，逐步建设并完善了具有首都区域特色的、多层

---

[1] 参见项目综合报告编写组等："《中国长期低碳发展战略与转型路径研究》综合报告"，载《中国人口·资源与环境》2020年第11期。
[2] 参见黄炜："碳达峰碳中和的数智探索"，载《浙江经济》2021年第8期。

次的碳排放权交易市场。在确保风险可控的前提下,北京碳市场已经形成了以碳排放配额和中国核证自愿减排量(CCER)为基础,林业碳汇、绿色出行减排量等多种产品共存的市场格局,包括回购融资、置换等在内的多种交易结构也日趋成熟并被市场广泛接受,充分满足了各类交易参与人的多样需求。[1]

第二,实现"双碳"过程中,如何解决社会发展与自然环境的保护问题,需要中央与地方法治部门的协调治理功能,在国际法治的服务中需要统筹涉外法治与国内法治。在我国"十四五"规划纲要的基础上,需要通过不同法治部门的沟通协调,将"碳强度""碳排放"等目标通过法治的手段进行固化,并在中央与地方的协同推进下进行目标考核与体系评估。同时,在国际合作与交流过程中,需要在国际法治体系中探索低碳技术国际化应用的路径,通过市场服务机制激励并促使国内相关行业进行绿色转型的创新与升级,进而在国际国内两大面向上通过法治化路径提供长效机制。[2]例如,在财税法治实施方面,通过补贴机制发挥引导产业再构和提高可再生能源产业竞争

---

[1] 参见杨学聪:"北京碳交易市场试点7年效果初显",载《经济日报》2021年4月3日。
[2] 杨解君:"实现碳中和的多元化路径",载《南京工业大学学报(社会科学版)》2021年第2期。

力的作用。在国际合作政策方面,通过构建具有法律保障和服务性质的国际条约机制,促进中英气候合作、"南南合作"和"一带一路"倡议建立良性竞合机制,推动能源技术、产业"引进来"和"走出去"。[1]再如,2020年年底日本政府发布"碳中和"路线图,提速氢能发展,通过完善的科技促进法律、政府大力支持补贴、促进国际氢能合作。从海外化石燃料利用碳捕获和储存(CCS)技术或可再生能源电解,实现低成本零排放制氢,同时,加强进口和国内氢运输、分配基础设施建设,促进氢在汽车、家庭热电联供和发电等各个部门的大量应用。[2]

第三,实现"双碳"过程中,新兴技术的迭代发展如何推进国家治理体系和治理能力现代化,需要网络法治及其技术治理的技术性、程序性和协调性。通过构建数字碳达峰、碳中和的信息化平台,统筹建设绿色的数字化基础设施,通过基金、金融等合规方式激励引导新兴企业开展相关绿色低碳业务,在网络平台法治监管下创新发展PPP模式,形成政府、企业与社会资本的良好合作关系,通过网络技术平台和线上合规机制,共同推进低碳环保产业的

---

[1] 参见庄贵阳、窦晓铭:"新发展格局下碳排放达峰的政策内涵与实现路径",载《新疆师范大学学报(哲学社会科学版)》2021年第6期。
[2] 魏蔚、陈文晖:"日本的氢能发展战略及启示",载《全球化》2020年第2期。

高质量法治体系构建，促进和保障新能源使用的数字化"新基建"建设。[1]例如，四川省邛崃市发布生态惠民示范工程实施方案和2021年工作计划，制定"六大行动"和"四策"应对气候变暖。成都市金堂县创新提出"大数据+网格化+铁脚板"环境监管体系、加快优化能源结构、加快打造低碳产业等为碳达峰、碳中和按下"加速键"。

(二)在微观层面，需要注意人民群众合法权益的保障和法治、数字、绿色政府建设中的关键环节

一方面，实现"双碳"过程中，在数字化中实现和提升人民群众的幸福感和安全感，需要民生法治来进行保障，需要健全法律化、绿色化的依法行政及其配套体制机制。在政府低碳依法行政过程中，注重坚持全社会的共享发展，规范法治政府建设中为人民服务的事权，切实提高人民群众的参与性与获得感。通过低碳发展成果的全社会共建共享，在人民群众的生产行动中逐步形成低碳环保的行为模式，促进数字碳达峰、碳中和的群众基础构建。[2]例如，中山市小榄镇北区建成了居民开展低碳活动的场所——"低碳驿站"，搭建了低碳家居、农作物分

---

[1] 郭朝先："2060年碳中和引致中国经济系统根本性变革"，载《北京工业大学学报（社会科学版）》2021年第5期。

[2] 张友国："碳达峰、碳中和工作面临的形势与开局思路"，载《行政管理改革》2021年第3期。

享及培育等四大平台，把低碳行为融入居民的日常活动中，初步建立一种居民乐于参与、可持续发展的低碳社区建设模式。另一方面，在实现"双碳"过程中，通过数字化满足人民日益增长的美好生活需要，需要数字技术的及时更新与环境法治的良好实施。在网络社会与空间，通过国家主导和全社会参与的共享低碳生活宣传，推广发展共享经济模式和促进相关新兴技术的法律规范构建，从而通过法治力量和人民群众的主体自觉来节能降碳，实现数字碳达峰、碳中和妥善推进的网络效应。

四、模式与应用：碳达峰、碳中和的数字化模式转型及其技术原理

在当前科技推进碳达峰、碳中和的背景下，应当充分发挥大数据、区块链等信息技术，协力支撑"双碳"目标的工作和实现，区块链的应用能够倒逼企业实现以效率提高为特征的绿色转型，[1]进而促进区块链技术与"双碳"实施的深度融合，实现所谓的"数字碳达峰、碳中和"。即促使"区块链技术+双碳推进""大数据+双碳推进"，以期逐步实现碳达峰、碳中和的信息化和智能化构建。

---

[1] 参见李少林、冯亚飞："区块链如何推动制造业绿色发展？——基于环保重点城市的准自然实验"，载《中国环境科学》2021年第3期。

（一）通过区块链技术的"全程留痕"和存证机制，提高数字碳达峰、碳中和的公信力

在推进数字"双碳"目标过程中，可以通过"分布式记账"的区块链存证机制，使得"双碳"目标的数据和文件得以在全过程和全领域中妥善保存，通过区块链的共识机制和可信规则，形成不可篡改和可以追溯的数据单元。进而，通过区块链技术，可以在数字碳达峰、碳中和构建过程中实现社会与网络的良好交互，保证数据与信息内容的真实性和可靠性。[1]这将会实现"双碳"目标管理、"双碳"生产领域执法以及依法对"双碳"违法行为处理的模式更新和数据保存。例如，在降碳服务、"双碳"产品防伪、低碳物资应用等具体领域，区块链技术可以使相关数据、商品防伪信息等数据及使用信息上链，让每项服务数据、低碳品信息和每笔善款的用途都在区块链有迹可查，以增强"双碳"目标推进管理的透明度和可信性。再如，在区块链技术具体应用中，可以针对低碳产品进行信息多点储存，分发、物流和配送等具体环节在区块链上进行记账，在全过程公开和接受公众监督，有效提高低碳物品的

---

[1] 喻佑斌："论区块链在诚信社会建设中的作用"，载《自然辩证法研究》2020 年第 1 期。

资源配置效率,增强政府、社会和公民之间的互信。[1]

(二) 通过区块链技术的"去中心化"和共识机制,实现数字碳达峰、碳中和管理的精细化

第一,区块链技术的核心优势是"去中心化"。这种分布式的块状结构,在数字碳达峰、碳中和推进管理过程中将产生基于信任关系的相互关联,进而构建一种同步的、便民的、公开的精细化平台体系。在这个平台基础上的数字碳达峰、碳中和区块链系统,可以实现上链主体之间的相对平等,使参与者之间形成较为固定且相互监督的关系,"同舟共济实现双碳",在便捷性和服务性方面实现碳达峰、碳中和管理中的信息共享和精细化参与。

第二,区块链技术的共识机制,在于数字碳达峰、碳中和的信息被以区块的形式进行上链,通过智能算法形成"去中心化"的超级账本。这使得数字碳达峰、碳中和中的各个主体在一定时间内形成稳定的、具有顺序性的数据库,从而使得数字碳达峰、碳中和区块链能够被时间追溯,在采集、交互、计算等方面有着基于共识的强信任背书。碳达峰、碳中和管理人员可以在"联盟链"上通过时

---

[1] [美] 凯文·沃巴赫:《链之以法——区块链值得信任吗?》,林少伟译,上海人民出版社2019年版,第12页。

间顺序找到相关主体的违法违规行为,[1]达到科学研究、预测、总结发展走势的目的,为下一步精准研判提供可视化图谱和信息技术支持。

(三) 通过区块链技术的"不可伪造"和协作机制,提升数字碳达峰、碳中和管理中的治理效能

第一,区块链技术可以在碳达峰、碳中和执法中的证据审查与事实认定领域进行良好应用。数字碳达峰、碳中和管理和法律适用的核心是数据和证据,形成所谓的大数据证据,[2]通过电子证据等线上材料使得数字碳达峰、碳中和形成"不可伪造"的全程留痕。例如,在碳达峰、碳中和执法过程中,证据的真实性问题一直是困扰各级政府、公安、企业、社会组织等主体的问题之一。通过区块链技术"不可伪造"的验证机制,有利于解决证据适用过程中的取得、保存和传输中的真实性问题。[3]

第二,区块链技术的协作机制,可以在"树立全国一盘棋意识"的要求下促进高效稳固的多方协作,共同治理达成数字碳达峰、碳中和。美国著名学者斯万认为:"区

---

[1] 参见宋旭明、崔静静:"区块链上与链下物之多重买卖的法律效力研究",载《南昌大学学报(人文社会科学版)》2020年第2期。

[2] 参见杨继文、范彦英:"大数据证据的事实认定原理",载《浙江社会科学》2021年第10期。

[3] 参见杨继文:"区块链证据规则体系",载《苏州大学学报(哲学社会科学版)》2021年第3期。

第五章　法律整合进路与环境法调整范围的保障价值

块链技术能够从根本上成为让组织活动形态减少摩擦并且提高效率的新范式,极大地促进过去由人力来完成的各种协调和确认,通过协作共识进行操作能够从质量上获得更大自由、更加公平和更多效益。"[1]也就是说,区块链技术有利于实现碳达峰、碳中和管理中线上的多方协作与精准执行。首先,区块链技术可以达成主体之间对碳达峰、碳中和技术规则的多方互信;其次,区块链技术有利于构建碳达峰、碳中和中的不同协作任务,有利于政府机构、各级部门和各个组织明确任务目标、细化具体操作;最后,区块链技术有利于推进对碳达峰、碳中和管理协作的记录与评估,从而为改进措施、提高效率提供数据分析支持。

第三,区块链技术可以促进国家数字碳达峰、碳中和预警智能系统的构建,进而提高碳达峰、碳中和的治理能力。例如,通过构建涉及不同部门的"双碳联盟链",可以促使政府、社会组织、企业、公众等主体在网上进行线上认证,快速办理碳达峰、碳中和事项,优化恢复生产生活以及相关政务活动。[2]同时,对于碳达峰、碳中和案例以及相关数据,可以通过区块链平台的验证和信任机制实

---

[1] Joseph J. Bambara, Paul R. Allen, Blockchain, *A Practical Guide to Developing Business, Law, and Technology Solutions*, McGraw-Hill Education, 2018, p. 117.

[2] 高晋康、杨继文主编:《迎接智能法学的到来》,法律出版社 2019 年版,第 8 页。

现跨主体之间的交叉互动、研讨诊断，可以确保有关碳达峰、碳中和信息的交流真实性，得以通过关联关系实现点对点的分析，进而提高治理水平和推进治理效率，实现协同治理效能，有利于对碳达峰、碳中和进行更好、更快、更有效的推进和监控。

五、制度与进路：数字碳达峰、碳中和的法治保障整合路径

如前所述，数字碳达峰、碳中和，需要新兴技术支撑和法治保障机制构建。一方面，数字碳达峰、碳中和需要全民动员、全员参与，[1]通过全球、全国范围内的技术支撑和政策法律保障才能实现。另一方面，在关键领域与重点行业，需要以习近平生态文明思想和习近平法治思想为根本遵循，有重点、有层次、有目的地开展数字碳达峰、碳中和的法治化构建。[2]

（一）在价值理念方面，需要以习近平生态文明思想和习近平法治思想为根本遵循

习近平法治思想是马克思主义法治理论同中国实际相

---

[1] 参见赵建军："中国实现碳达峰和碳中和任重道远"，载《中国党政干部论坛》2021年第4期。
[2] 参见高桂林、陈炜贤："碳达峰法制化的路径"，载《广西社会科学》2021年第9期。

结合的最新成果，是我们解决法治中国建设问题和经济社会良好发展的根本遵循与行动指南，为建设法治中国和实现"双碳"目标奠定了坚实基础。建设法治中国是建设中国特色社会主义法治体系的重要内容，也是推进"双碳"目标实现的重要保障，更是国家治理体系和治理能力现代化的重要依托之一。在当今世界百年未有之大变局的背景下，促使大数据、人工智能等新兴技术与实现碳达峰、碳中和的深度融合，需要重视和强调绿色改革发展的重要意义，在国家总体安全观下维护环境稳定和安全，全面推进"双碳"实现过程中的对外合作，进一步回应全国乃至全球人民群众的环境保护要求和诉求，在"人类命运共同体"建设过程中实现法治对环境、技术的保障作用。

（二）在智慧城市建设方面，需要在低碳城市与智能城市协同构建中完成城市治理的法治化命题

在城市治理的碳达峰、碳中和实现过程中，需要通过大数据人工智能等数字化的新兴技术，实现对城市治理诸要素的分析、监控与预测。在分析机制中，需要明确大数据与人工智能算法的数据权利—权力基础，保障城市各种主体的数据安全，防止数据收集过程中公权力对私主体的侵害。例如，成都市作为四川省省会，鉴于自身经济基础、产业结构和能源使用现状，较早开展了建设低碳城市

和公园城市的积极探索,取得了很大进展(如表5-3)。

表5-3 成都市低碳发展历程

时间	举措及国家级试点名称	举办(授予)机构	意义
2012年3月	成都列入中美"可持续及宜居城市建设"项目	国家发改委	开启了成都市应对气候变化、促进低碳发展工作的序幕
2014年6月	成都列入"国家生态文明先行示范区"	国家发改委、财政部等六部门	标志着成都市大力推进生态建设受到国家肯定
2014年6月	确定锦江区三圣街道、双流区黄龙溪镇东岳村等五个社区、乡镇、村率先启动低碳示范区建设	成都市发改委	为共同推进成都的低碳城市建设,起到了以点带面的作用
2016年4月至12月	启动了"中国—瑞士低碳城市"成都项目,成功举办"中国—瑞士低碳城市建设与产业发展国际研讨会"	瑞士发展合作署与四川省成都市人民政府	将国际合作与低碳示范项目紧密结合
2017年3月	确定成都为第三批国家低碳试点城市,并连年编制《成都市绿色低碳发展报告》蓝皮书	国家发改委	为成都绿色低碳城市建设提出了新要求

续表

时间	举措及国家级试点名称	举办（授予）机构	意义
2018年9月	成都获"2018年度全球绿色低碳领域先锋城市蓝天奖"	全球绿色低碳领域蓝天奖组委会	成都推行绿色低碳成果受到国际社会肯定
2019年5月	成功举办中国城市碳排放达峰和低碳发展研讨会	清华大学气候变化与可持续发展研究院、国家应对气候变化战略研究和国际合作中心、天府新区成都管委会、清华四川能源互联网研究院	围绕城市实现碳排放达峰交流经验，并探讨解决方案
2019年7月	成都出台全省首个氢能发展规划	成都市氢能暨新能源汽车产业推进工作领导小组办公室	助力打造中国氢能产业高端装备制造基地、核心技术创新高地和示范应用标杆城市
2019年7月	首次提出低碳城市建设"636"工程，并每年印发《成都市低碳城市建设年度计划》	成都市节能减排及应对气候变化工作领导小组办公室	进一步凝聚合力，更好发挥绿色低碳对高质量发展的引领、对生态文明建设的促进和对环境污染治理的协同作用[1]

---

[1] 参见刘婕："成都市低碳城市建设探索实践"，载《环境保护》2019年第21期。

续表

时间	举措及国家级试点名称	举办（授予）机构	意义
2019年7月	成都率先启动出口产品低碳认证	成都市商务局、生态环境局、市场监督管理局、海关等	提升"成都造"产品附加值和国际竞争力
2019年12月	研发的"绿蓉融"绿色金融超市正式上线	四川联合环境交易所	发挥金融服务实体经济功能，为绿色产业提供更加丰富多样的金融工具与金融服务
2020年3月	发布《关于构建"碳惠天府"机制的实施意见》	成都市人民政府	建立了以政策鼓励、商业激励和碳减排量交易相结合的正向引导机制

具体来看，在监控机制中，在涉及能源的生产、存储、输送和使用过程中，需要强调数据生产安全的全流程保护、全天候、全方位的数据监控，[1]通过检测、报告以及预案处理等行政法治监控手段，实现碳达峰、碳中和的总体目标。在预测机制中，需要梳理"数字化基础+能源革命+法治机制"的整合型法治实施体系，通过数字化的互联网、物联网工具手段，整合法律大数据等数字技术与新兴权利法律机制，并为城市中的各种碳中和主体提供公

---

[1] 参见姚建华、徐偲骕："智慧城市：网络技术、数据监控与未来走向"，载《南昌大学学报（人文社会科学版）》2021年第4期。

第五章 法律整合进路与环境法调整范围的保障价值

平、开放、去中心化和广泛自愿参与的碳中和预警系统，防患于未然。例如，上海市节能减排中心目前进行"数智"控碳的地方探索，在智慧城市建设背景下通过碳排放数据管理监测平台，完成城市碳排放的数字化动态核算和未来预测。

（三）在企业治理方面，需要数字平台的合规机制构建

在上述充分发挥政府的监管作用基础上，还需要充分调动数字公司和碳企业的市场机制，进而实现通过数字化的"碳企链"合规机制，规范有序高效地实现数字碳达峰、碳中和的资金需求。实现"双碳"目标，要构建适应新发展格局和大数据时代下的资本运行体制与机制，通过优惠政策激励绿色投融资，建立金融（平台）机构高管薪酬与绿色绩效相挂钩的激励约束机制，加大对绿色资本投资方向的引导力度，加强对垄断资本的监督与管理，不断完善引导资本有序流动的法律体系。[1]在数字化的"碳企链"平台上，通过大数据分析和智能算法模型，以服务市场、协同优势主体以及规范融资渠道等功能，实现基于平台合规基础上的"融资"和"融智"需求，为碳主体的碳达峰、碳中和行为提供规范化和数字化的方案。例如，

---

〔1〕 参见曹梦石、徐阳洋、陆岷峰："'双碳'目标与绿色资本：构建资本有序流动体制与机制研究"，载《南方金融》2021年第6期。

近日，无锡高新区与远景科技集团正式签约，携手共建方舟"双碳双控"管理平台，助力地方政府在碳约束下实现高质量的经济发展，打造数字化、碳中和时代下的区域碳管理。再如，蚂蚁集团利用区块链技术的不可篡改和可溯源的特点，使碳排放、碳减排、清结算等过程公开透明，相关记录可随时追溯查证，进而实现区块链技术与碳达峰、碳中和的深度融合。

（四）在全球治理方面，需要提倡"人类命运共同体"背景下的应对全球气候变化的网络空间法治机制构建

在全球极端天气和自然灾害频发的当代，需要通过数字化的"双碳"战略来应对全球气候变化。在全球范围内的网络参与者等主体的合法诉求与倡议下，提高全球范围各类主体的自我治理；通过全球性环境保护公约的网络推行与全球推广，促使政府、公民、第三方组织等主体的整体协同环保应对手段的发挥，克服自然环境与生态环境破坏的系统性风险；通过全球网络传播"降低碳排放和全球人类发展紧密联系"理念，数字碳达峰、碳中和离不开全球人民的参与，推动全球社会向着更可持续转型。例如，"碳达峰、碳中和绝不是齐步走，相对条件好的、基础好的行业或地区必须要先行一步，而且要把这当作机遇，不

是负担"。[1]可以在重点城市、重点行业试点建立人类碳足迹网络数据库,进而实行个人、行业、国家乃至全球的碳排放核算,通过技术性和法律化的数据约束手段实现主体意义上的碳中和目标。

(五)在具体法治机制构建方面,需要强调定制化常规型的法治应对方案

第一,强调数字碳达峰、碳中和法治保障的道路自信。从中国法治文化和传统生态价值观中汲取营养,促进碳达峰、碳中和过程中的国内法治与涉外法治协调发展,实现生态建设和法治建设的中国性和特色性。从我国国情出发,借鉴域外法治优秀成果,通过改革实际的制度,促进国内生态环境法律制度建设,吸收勤俭节约的优秀美德和细化绿色发展的原则精神,坚信我们完全有能力、有信心完成碳达峰、碳中和的目标。

第二,形成数字碳达峰、碳中和法治保障的人民基础和达成最广泛的共识。在数字碳达峰、碳中和法治建设过程中,需要始终坚持人民的主体地位,形成基于人民群众的回应型法治,从人民群众的立场和需求出发完善相关立法体例,优化行政执法,实现公正司法,做到全民守法,

---

[1] 参见徐卫星:"碳达峰碳中和不是齐步走,要有先有后",载《中国环境报》2021年8月31日。

追求实质法治的权利保障精神。碳达峰、碳中和法治建设,更加需要在全社会、全领域内达成最广泛的共识,凝心聚力,通过中央与地方的协同推动,提炼和凝聚法治改革中的目标、路径、制度和行动共识等,增强全社会的法治获得感和规则认同感。例如,通过网络平台企业的"公益激励模式",建立个人碳排放信用体系,[1]可以促使有社会责任感的个体、企业和社会组织,用数字化的方式推广绿色低碳生活,进而实现"双碳"过程中的全民参与和行为共识。

第三,健全和完善数字碳达峰、碳中和法治保障的常规型制度。一方面,加快推进数字碳中和法治示范区建设和公职专业队伍建设。数字化碳中和法治示范区的建设和完善,能够从法治质量上获得更大自由、更加公平和更多效益,有利于建造协同互信的区域平台,设置和完成不同的环境保护法治协作任务,在法治政府建设中推动政府机构、各级部门和各个组织明确任务目标、细化具体操作。同时,在碳达峰、碳中和过程中,需要积极推动过硬的政法等公职队伍建设。政法队伍是法治中国建设的重要人才基础,应通过思想教育和法学教育提高政法队伍的基本素

---

[1] 参见吴亚飞:"中国工程院院士王金南:建立个人碳排放信用体系引导公众参与碳中和",载《四川日报》2021年9月8日。

第五章 法律整合进路与环境法调整范围的保障价值

养、环保素质和职业伦理,增强问题意识和切实提高解决问题的能力。例如,广大政法公职人员是推动实现碳达峰、碳中和的主力军,需要在当地各级党委政府的领导下积极践行低碳社会行为与生活方式,防止形成碳达峰、碳中和工作只是发改委、生态环境等职能部门工作的错误倾向。[1]另一方面,促进对广大公民进行碳达峰、碳中和的环保法治宣传教育。在数字碳达峰、碳中和的推进过程中,促使个体意义上的公民,知晓和了解绿色发展对自己的价值与意义,才能找准公民法治需求,满足其个体的"获得感"。[2]进而,采用"大数据""区块链"和"人工智能"等多元化的方式改进法治教育方法,进行"私人定制"式的法治教育和有效的个性化拓展方式。此外,虚拟现实技术是在人工智能时代的新兴信息技术领域,在碳达峰、碳中和法治教育中具有应用空间大和实效性强等特点。《中国虚拟现实应用状况白皮书(2018)》指出,虚拟现实技术可以解决用户体验、技术创新与内容板块等方面的痛点。在碳达峰、碳中和的法治教育中,可以侧重虚拟现实技术的应用创新,丰富碳达峰、碳中和法律实践应

---

[1] 参见程晋波:"如何进一步提高公职人员碳达峰碳中和认识水平?",载《中国环境报》2021年9月1日。
[2] 付安玲:"大数据时代思想政治教育'获得感'的人学意蕴",载《思想教育研究》2018年第2期。

用中的虚拟现实场景应用,助力法治教育的技术转型和智能升级。

在以大数据、云计算、人工智能等为核心的信息技术正逐渐渗入人们社会生活的各个方面的背景下,碳达峰、碳中和中的技术方案亦需要创新完善。在大数据时代,在碳达峰、碳中和行为过程中,应该对公民进行跨学科、融合性的技术教育和法治教育,使其在碳达峰、碳中和过程中逐步培养法治信息的判断能力和计算能力。大数据技术及其应用能为碳达峰、碳中和注入活力是不争事实。公民、法人、社会组织、政府机构等主体需要融入碳达峰、碳中和大数据系统,在相关法律问题虚拟构建中进行法律咨询、分析问题并提供解决问题的方案和方法,从行为实践和经验积累中学习碳达峰、碳中和的法律知识和提高法治思维。在大数据时代的碳达峰、碳中和推进中,为了公民、企业、社会组织、政府机构等主体的个性学习,需要进行伦理规范的重构,即在推进过程中提高大数据系统中的"人机互动"质量,在保证被理解的基础上促使常识[1]和法律知识互动的良好开展。[2]

---

[1] [美]瑞恩·卡洛、迈克尔·弗鲁姆金、[加]伊恩·克尔编:《人工智能与法律的对话》,陈吉栋、董惠敏、杭颖颖译,上海人民出版社2018年版,第71页。

[2] [美]约翰·弗兰克·韦弗:《机器人是人吗?》,刘海安、徐铁英、向秦译,上海人民出版社2018年版,第8页。

此外，通过互联网、大数据、人工智能等新兴技术治理手段，加速国家生态环境治理体系中的法治保障机制构建。通过构建涉及"双碳"不同部门的系统平台，可以促使政府、社会组织、企业、公众等主体在网上进行法治活动，有利于实现数字化碳中和建设的协同治理效能。通过基于大数据的"智慧司法"，解决数字化碳中和司法实践中的"立案难、胜诉难、执行难"等基本问题。通过构建完备齐全的数字化碳中和法治评估制度，加强法治中国建设的专业评估和第三方评估，有利于科学认识"双碳"改革建设中的各种冲突、主要问题和变化趋势，有利于提升人民群众的获得感、幸福感和安全感，实现中国特色法治实施体系的绿色高质量发展。

故此，应在以习近平总书记为核心的党中央的坚强领导下，在习近平生态文明思想和习近平法治思想的引领下，总结经验，同舟共济，坚持法治中国的道路自信和人民群众的主体地位，充分发挥数字化碳中和法治示范区的带头作用，加强过硬的政法队伍建设，发挥大数据、人工智能等科学技术的支撑作用，构建完备齐全的"双碳"建设法治指数评估制度，通过法治统筹和保障推进碳达峰、碳中和目标的最终实现。

第六章

环境法典编纂与中国特色社会主义法律体系的完善[1]

当前我国正处于生态文明建设的新时期。如何运用法律手段、制度方式科学有效地促进生态环境保护,是党和国家高度关注的重要问题。树立最严密法律、最有效制度保护生态环境的生态法治观对我国当前生态环境治理实践具有重要指导意义。编纂环境法典,既是我国环境资源法律体系日趋成熟的表现,也是完善中国特色社会主义法律体系、提升我国环境治理体系与治理能力现代化的需要。

一、环境资源法在中国特色社会主义法律体系中的地位

1997年召开的中国共产党第十五次全国代表大会提出

---

[1] 本章的主体内容和核心观点,参见焦艳鹏教授以"环境法典编纂与中国特色社会主义法律体系的完善"为题,发表于《湖南师范大学社会科学学报》2020年第6期的文章。

了我国立法工作到2010年形成中国特色社会主义法律体系的目标。2011年3月10日，吴邦国在第十一届全国人大四次会议上宣布："一个立足中国国情和实际、适应改革开放和社会主义现代化建设需要、集中体现党和人民意志的，以宪法为统帅，以宪法相关法、民法商法等多个法律部门的法律为主干，由法律、行政法规、地方性法规等多个层次的法律规范构成的中国特色社会主义法律体系已经形成，国家经济建设、政治建设、文化建设、社会建设以及生态文明建设的各个方面实现有法可依，党的十五大提出到2010年形成中国特色社会主义法律体系的立法工作目标如期完成。"[1]

（一）环境资源法是中国特色社会主义法律体系的组成部分

2011年10月27日，国务院新闻办公室发布了《白皮书》。《白皮书》介绍了中国特色社会主义法律体系的形成过程、主要构成、主要特征与未来完善的主要领域，是对我国社会主义法律体系进行介绍的官方文件。《白皮书》在对中华人民共和国成立以来立法活动的回顾中载明了主要的环境资源立法。《白皮书》的第一部分即"中国特色

---

[1] 参见"吴邦国在十一届全国人大四次会议上作的常委会工作报告（摘登）"，载《人民日报》2011年3月11日。

社会主义法律体系的形成",分时间阶段对中华人民共和国成立以来的主要立法进行了回顾。其在1982年至1992年主要立法活动的介绍中载明该阶段为"保护和改善生活环境与生态环境,制定了环境保护法、水污染防治法、大气污染防治法等法律";在对1992年至1997年立法回顾中载明"为进一步加强对环境和资源的保护,制定了固体废物污染环境防治法等法律,修改了矿产资源法等法律";在对1997年以后的立法回顾中载明"为发展社会主义民主、繁荣社会主义文化、保护生态环境、发展社会事业,制定了行政复议法、高等教育法、职业病防治法等法律,修改了工会法、文物保护法、海洋环境保护法、药品管理法等法律""为节约资源,保护环境,建设资源节约型、环境友好型社会,制定了可再生能源法、循环经济促进法、环境影响评价法等法律",这些都是环境资源领域的重要立法活动。由此可见,中华人民共和国成立以来特别是改革开放以来,我国的环境资源立法活动是中国特色社会主义法律体系形成过程中立法活动的有机组成部分。

《白皮书》载明:"中国特色社会主义法律体系,是以宪法为统帅,以法律为主干,以行政法规、地方性法规为重要组成部分,由宪法相关法、民法商法、行政法、经济

第六章 环境法典编纂与中国特色社会主义法律体系的完善

法、社会法、刑法、诉讼与非诉讼程序法等多个法律部门组成的有机统一整体。"

《白皮书》在对所列七个法律部门进行分别介绍时，在其中的"行政法"部分对防治污染环境的法律（即环境法学界简称的污染防治法）进行了单独段落的介绍，[1]对宪法中的环境保护规定、对以污染防治工作为重心的多部环境保护法律进行了介绍，并对事关环境保护的行政法规、地方性法规、基于环境标准的环境技术规范、环境执法效果等进行了介绍。这说明，在立法者的视野中，我国的污染防治法律具有一定的体系性，其大致可归入行政法体系。

（二）环境资源法是完善中国特色社会主义法律体系的重要领域

法律是不断发展与演进的，法律体系也是如此。《白

---

[1] 该段落的全文如下："中国重视保护人类赖以生存和持续发展的生态环境，制定了环境保护法，确立了经济建设、社会发展与环境保护协调发展的基本方针，规定了各级政府、一切单位和个人保护环境的权利和义务。为预防建设项目对环境产生不利影响，制定了环境影响评价法。针对特定环境保护对象，制定了水污染防治、海洋环境保护、大气污染防治、环境噪声污染防治、固体废物污染环境防治、放射性污染防治等法律。国务院制定了建设项目环境保护管理条例、危险化学品安全管理条例、排污费征收使用管理条例、危险废物经营许可证管理办法等行政法规。地方人大结合本地区的具体情况，制定了一大批环境保护方面的地方性法规。中国已经建立了国家环境保护标准体系，截至2010年底，共颁布1300余项国家环境保护标准。中国还不断加强环境领域行政执法，近5年来，共依法查处环境违法企业8万多家（次），取缔关闭违法排污企业7293家。"

皮书》以"中国特色社会主义法律体系的部门"为题对"宪法相关法、民法商法、行政法、经济法、社会法、刑法、诉讼与非诉讼程序法"七个领域的法律进行了介绍。上述载入方式表明,刑法、民法、行政法等较为传统的法律部门,其法律部门的独立性受到立法的认可,经济法、社会法等较为新兴的法律领域,其法律部门的独立性也受到了一定程度的认可。[1]

在对上述七个法律部门的介绍中,一般被认为是环境资源法核心组成部分的污染防治法被安排在行政法模块之下而进行了单独段落的介绍。这表明,在立法者的视野中,以污染防治为核心的狭义的环境法并非独立的法律部门。虽然上述载入方式,让大部分持"环境法是独立的部门法"的学者不能接受,但环境法律规范具有较为强烈的行政法特征甚至行政法属性的事实客观上被不少环境法学者承认。[2]

经济与社会处于动态发展之中,法律体系在形成之后也将处于发展与完善之中。《白皮书》在"中国特色社会主义法律体系的完善"章节对我国法律体系的完善提出了几个重点领域,其中以独立段落将"高度重视生态文明领

---

[1] 近年来,关于经济法、社会法的学科独立性问题的讨论也方兴未艾。
[2] 参见杨华国:"论环境法在法学体系中的地位",载《社会科学家》2007年第6期。

第六章 环境法典编纂与中国特色社会主义法律体系的完善

域立法"载入其中,[1]明确表示将"高度重视生态文明领域立法。适应资源节约型、环境友好型社会建设的要求,完善节约能源资源、保护生态环境等方面的法律制度,从制度上积极促进经济发展方式转变,努力解决经济社会发展与环境资源保护的矛盾,实现人与自然和谐相处。"这表明,生态文明领域的立法仍是我国未来立法的重点领域,也是完善中国特色社会主义法律体系的重点领域。

二、中国特色社会主义环境资源立法的发展与完善

党的十八大以来,我国环境资源立法取得了长足进步,不仅有力支撑了我国生态环境的治理体系与治理能力,而且为完善中国特色社会主义法律体系描绘了新的图景。

(一) 我国在生态文明法治领域取得长足进步

党的十八大以来,我国生态文明建设迈入新境界。良好的生态环境已经成为人民群众美好生活的重要组成部分,成为党和国家提升人民幸福感的重要公共物品。在此种宏观背景下,我国环境保护工作已从早期的以污染防治为主的管制型模式,升级转型为以生态文明建设为统领的

---

[1] 其他几个重点领域主要是:继续加强经济领域立法;积极加强发展社会主义民主政治的立法;突出加强社会领域立法;更加注重文化科技领域立法。

综合治理模式。

在上述价值理念指引下,2012年以来,我国生态环境领域的法治建设取得了巨大进步。不仅及时修改了一批重要的环境资源法律,而且制定了一些重要的法律。如2014年对《环境保护法》进行了全面修订,增加了按日计罚等制度,修订后的法律被誉为"长着牙齿的法律",增强了政府管理生态环境的刚性;[1]2018年制定的《土壤污染防治法》弥补了我国土壤污染防治领域的法律空白。[2]又比如,依据生态文明建设的最新理念,我国近年来还修改了《水污染防治法》《大气污染防治法》《固体废物污染环境防治法》《渔业法》《水法》《环境影响评价法》等重要法律。[3]新立法律与修改法律相得益彰,为我国生态文明建设提供了强大的法律支撑,为生态环境领域的执法与司法夯实了基础。

(二) 我国环境资源立法愈加体现中国特色社会主义特征

一国之立法,既要考虑法律科学的普遍性,也要考虑国家的政制与体制。我国作为社会主义国家,中国特色社

---

[1] 参见马波:"论政府环境责任法制化的实现路径",载《法学评论》2016年第2期。

[2] 参见张忠民:"《土壤污染防治法》的'攻'与'守'",载《中国审判》2019年第1期。

[3] 《水污染防治法》于2017年修正,《环境影响评价法》于2018年修正。

第六章　环境法典编纂与中国特色社会主义法律体系的完善

会主义法律体系具有鲜明的特征。[1]环境资源法领域作为具有显著公法特征的领域，与国家的所有制等具有紧密关系。综观党的十八大以来我国的环境资源立法，我们可以清晰地看到下列理念：

1. 始终坚持"以人民为中心"的发展理念

党的十八大以来，党和政府坚持以人民为中心的发展理念，坚持"良好的生态环境是最普惠的民生"的生态民生理念，修改与新立了一批重要的环境资源法律。在《环境保护法》的修改以及《土壤污染防治法》的制定过程中，全国人民代表大会常务委员会、生态环境部等国家机关与机构广泛听取人民群众的意见，征集了大量有益的意见与建议，大大提升了立法过程中人民群众的参与度，也大大提升了立法的科学性。近年来，各级人大代表、政协委员充分履行职责，在与人民群众生活紧密相关的生态环境领域，提出了大量提案。[2]这些议案受到各级人民代表大会、政协的高度重视，其中相当部分已经纳入国家立法

---

〔1〕 中国特色社会主义法律体系将这种特征归纳为五点，即：①体现了中国特色社会主义的本质要求；②体现了改革开放和社会主义现代化建设的时代要求；③体现了结构内在统一而又多层次的国情要求；④体现了继承中国法治文化优秀传统和借鉴人类法治文明成果的文化要求；⑤体现了动态、开放、与时俱进的发展要求。

〔2〕 如关于生活垃圾管理的立法议案、关于地下水污染防治的立法议案、关于长江保护的立法议案、关于湿地保护的立法议案、关于城市再生水利用的立法议案等。

或立法规划,有些也已经进入立法前的调研阶段。[1]

2. 始终坚持以公有制为主体的所有制结构

党的十八大以来,党和政府高度重视环境立法与资源立法的协调,除修改了一批污染防治法律之外,在生态保护领域也积极贯彻生态文明理念,对《野生动物保护法》《煤炭法》《草原法》《城乡规划法》等进行了修改。上述法律的修改,始终坚持我国《宪法》规定的自然资源国家所有制,在自然资源国家所有前提下对自然资源的生态价值、经济价值、社会价值等设置了具有差异的法律实现机制,[2]既吸收了国外先进的立法经验,又秉持了我国社会主义公有制的品性,为中国特色社会主义法律体系的完善作出了积极探索。

3. 始终坚持人类命运共同体的全球环境观

党的十八大以来,党和国家高度重视人类环境命运共同体的构建,积极担当,以负责任大国的姿态参与全球环境治理。在事关全球环境命运的国际环境条约缔约或谈判中,我国的作用得到了积极发挥。在气候变化与碳减排、保持生物多样性等多个领域,我国积极承担国际义务。在

---

[1] 参见"全国人大环资委关于环境资源立法规划的建议",载http://www.riel.whu.edu.cn/view/1726.html,最后访问时间:2020年9月6日。
[2] 参见焦艳鹏:"自然资源的多元价值与国家所有的法律实现——对宪法第9条的体系性解读",载《法制与社会发展》2017年第1期。

国内环境立法中,我国高度重视所承担的国际公约或条约中相关义务的国内转化,体现了我国环境立法既坚持中国特色又重视国际标准,既保障本国人民的环境健康权又对世界各国人民负责的环境命运共同体的观念。

三、编纂环境法典可促进中国特色社会主义法律体系的完善

在 2011 年我国宣布中国特色社会主义法律体系形成后,随着我国生态文明建设的深入,我国环境资源立法进入了前所未有的高度发展时期,呈现出了极其鲜明的特征。

(一) 近年来我国环境资源立法的部门法属性大大增强

党的十八大以来,在生态文明理念指引下,我国环境资源立法呈现出鲜明的特征,立法技术与水平大幅提升,环境资源法的体系性与部门法属性明显增加,具体体现在如下几个方面:

1. 污染防治法律的科学技术性大大增强

20 世纪 80 年代,我国制定了《环境保护法》,随后又制定与颁行了《大气污染防治法》《水污染防治法》《固体废物污染环境防治法》等污染防治法律。由于受当时环境科学技术与立法技术的限制,《环境保护法》中的

污染防治篇章与各污染防治单行法律中对各类污染物的行政管控偏多，技术管控偏少。党的十八大以来，立法机关在修改《环境保护法》《水污染防治法》《大气污染防治法》等污染防治专项法律中，高度重视最新环境科学技术、环境管理技术的应用，通过制定与优化环境质量标准、污染物排放标准等技术管控方式，大大提升了政府对企业生产的过程管理，为减少污染物排放设置了更为科学的法律标尺，也大大提升了政府生态环境执法的刚性。

2. 污染防治与生态保护的法律协同增强

将污染防治与生态保护两种价值在立法中进行有机协调，有利于节省法律资源，加强行政机关之间的协同，从而更好地保护生态环境。党的十八大以来，我国各级立法机关在生态文明法治建设过程中，将污染防治工作与生态保护工作紧密协同，将前端治理与综合治理紧密结合，有效促进了环境立法的系统性与科学性，环境资源立法质量得到了大幅提升。比如，在污染防治过程中高度重视流域生态环境的综合整治，对矿区环境、林区环境等进行了综合治理；又比如在生态保护过程中加强对生物多样性的保护，在防治海洋污染过程中加强对海洋生态与海岛生态的保护等。

第六章 环境法典编纂与中国特色社会主义法律体系的完善

3. 环境资源法律理念融入其他相关法律

党的十八大以来,党和国家对生态文明建设的顶层设计不断完善,中央全面深化改革委员会先后就生态文明建设进行多次讨论与决议,颁行了大量政策性文件,[1]不断推进环境资源法律、法规与标准等各类规范与经济管理、社会管理、行政管理、技术管理等领域的融合。近年来,生态红线制度、中央环保督察制度、危险废物全流程管控制度等进一步促进了环境管理的制度化、科学化、精细化,环境资源法律理念与制度不断融入民法、行政法、经济法、社会法等相关法律,生态文明建设的法律体系得到了较大的扩充。

4. 逐步由实体法向实体法与程序法融合发展

进入 21 世纪以来,特别是党的十八大以来,我国生态文明体制改革步伐加快,以生态补偿、生态损害赔偿、国土空间规划与用途管制、公益诉讼等新设环境管控制度等为特色的我国环境资源立法逐步从单纯的行政管控模式发展到基于生态安全的全时空管治模式。与 20 世纪 80 年代我国第一代环境法相比,环境法作为部门行政法的特征在逐渐弱化,逐步实现了从单一的以污染防治为主体的实

---

[1] 参见南方日报评论员:"从中央深改组会议看推进生态文明建设",载《南方日报》2017 年 8 月 15 日。

体法法律集,向实体法与程序法相互交织、污染防治与生态保护相互协作,多种法律机制综合应用的综合型法律部门的发展。

5. 环境资源法作为独立法律部门的属性增强

20世纪80年代以来我国的环境资源立法较为偏重通过行政管制的方式进行制度设计,包括《环境保护法》《水污染防治法》等污染防治法律与《森林法》等生态保护法中大量设置了规划、计划等带有行政指导色彩的非具体性法律规范。在具体法律规范配置上,我国环境资源法设置了较多的行政许可、行政处罚等行政法律机制。这使得这个时期我国的环境资源法具有较强的行政法属性。党的十八大以来,随着我国生态文明建设顶层设计的发展,环境资源立法技术大大提升,近年来修改与新立的环境资源法律中,行政法机制、刑法机制、民法机制、经济法机制等法律机制综合而有比例地得到了适用,环境资源法的部门行政法特征逐步弱化,其所调整领域的独特性、调整机制的综合性等使得环境法的独立法律部门属性大大增强。

(二) 编纂环境法典可提升我国环境资源立法的现代
　　　化水平

编纂环境法典,是当前我国环境立法领域的新事物,

第六章　环境法典编纂与中国特色社会主义法律体系的完善

受到了社会各界的高度关注。笔者认为，编纂环境法典可促进我国环境资源立法的体系化，提升我国生态环境的治理体系与治理能力，进一步完善中国特色社会主义法律体系。具体体现在如下三个方面：

1. 编纂环境法典可提升我国环境资源立法的体系性

法典是最高级的立法形式。综观人类立法史，编纂法典向来是法治昌明的重要表征。无论是《法国民法典》《德国民法典》，还是我国《民法典》，法典化过程是在对立法科学性、有效性承认基础上的对体系化与精细化的进一步追求，凝聚着人们的法治理想。改革开放以来，基于生态环境保护，我国已经通过并施行了30多部法律以及大量行政法规与地方性法规，对上述法律法规进行基于共同理念的价值抽取与归纳，逐步将其按照一定的体系编纂为一部法典，并在编纂法典过程中，对一些法律之间的冲突或空白或重复规定等进行修改与优化，这个过程本身就是法律进化的过程。我们不追求在两三年内迅速编纂一部环境法典，哪怕用十年、八年甚至更长时间，只要这部具有一定精细度的体系化法典能够生成，其过程就是提升我国环境资源立法水平、提升我国环境资源法对生态文明保障能力的过程。

2. 编纂环境法典可提升我国环境资源立法的科学性

在以往的行政管理中，环境资源管理领域是典型的多头管理领域。党的十八大以来，为提升我国生态环境治理体系与治理能力的现代化，党和国家对生态环境管理体制进行了较大改革，新组建了生态环境部、自然资源部、应急管理部等与生态环境管理相关的机构。编纂环境法典，有利于党和国家集中统一对生态环境领域进行治理，进一步优化我国生态环境的治理体系；编纂环境法典，有利于更好地梳理生态环境领域行政管理、技术管理、社会管理等的模式；编纂环境法典，有利于在宪法框架内，进一步梳理不同法律机制在生态环境保护领域的运用模式，实现立法、司法与执法的有机统一，增强环境资源法律的效能；编纂环境法典，有利于进一步实现政府、企业、社会组织、公民个人在生态环境保护与治理过程中的权益保障与义务分配，加强生态环境保护中的多元治理，提升我国生态环境的治理水平。

3. 编纂环境法典可提升我国环境资源立法的开放性

长期以来，由于生态环境领域具有一定的专业性，在环境资源立法领域，环境法与其他部门法的交互性较为有限。编纂环境法典，有利于进一步提升生态环境管理与治理过程中多元法律机制的应用，将宪法机制、行政法机制、经济法机制、民商法机制、社会法机制等在生态环境保护中实现综合运用。单一的环境法律可能是对一种或两种法律机制的运用,但在作为部门法法律集合的环境法典中将可能实现多元法律机制的综合运用。多元法律机制的充分运用将有助于环境法典与宪法、民法典、刑法等的协调,有助于提升我国环境资源法律规范与其他法律规范在调整同一领域上的协调性,将大大提升我国环境资源立法的开放性,提升我国生态环境的管理与治理水平。

四、环境法典编纂的理论和实践展开与环境资源法律的体系化

(一) 新时代环境法典编纂的理论与实践面向

法典编纂是我国社会主义法律体系完善过程中的新事物。《民法典》的成功编纂与公布为我国社会主义立法工作注入了新的动力。笔者注意到,虽然关于环境法典研究的作品早在20世纪即已出现,但这项工作真正进入实践层面的讨论,特别是能够进行理性的、系统的、面向国家立法实践的真正意义上的学术讨论是近几年特别是近三年出现的。

1. 当前国内环境法典编纂研究的基本样态

2017年以来,我国环境法典编纂研究进入了快速发展

阶段。其最重要的表现在于环境法典编纂研究进入了有组织状态。国内环境资源法研究领域的专家学者、热心于生态环境法治保护的公益组织、国家立法机关、生态环境保护与自然资源保护部门等均对环境法典表现出很大的热情。上述环境法典编纂研究的有组织形态的最典型例证是，受阿里巴巴基金会的资助，中国法学会环境资源法学研究会设立了"环境法典研究（2018—2020）"大型专项项目，该项目整体上分为"外国环境法典翻译研究"与"中国环境法典编纂研究"两大模块，其中"外国环境法典翻译研究"模块设置了6个至8个团队，"中国环境法典编纂研究"模块共有20个课题组承担了专项课题，参与上述两大模块研究的研究人员有近百人，其中教授、副教授等高级职称人员约40人。

2. 当前国内环境法典编纂研究取得的初步成果

笔者作为上述"环境法典研究（2018—2020）"的项目参与人与执行管理人之一，对该重大研究专项的运行有较为系统的感受与认知。就目前来看，该项目已取得初步成果。主要表现在：其一，外国环境法典翻译研究进展良好。目前《瑞典环境法典》《法国环境法典》中文版已出版面世，其他几国的环境法典也正在加紧翻译之中。其二，中国环境法典编纂的研究取得了初步成果。自2018

第六章　环境法典编纂与中国特色社会主义法律体系的完善

年上述大型项目启动以来，15个基础理论研究专项课题组与5个基于大数据编纂法典文本的第二阶段课题组初步形成了近百万字的研究报告草稿。目前该大型项目已进入成果形成阶段，2021年底，"绿典之路：中国环境法典研究"系列丛书全部出版，该丛书由总计超过150万字的10本著作构成，研究内容几乎涵盖环境法典研究的全部重要内容，将成为我国环境法典编纂研究成果的汇集之库。

3. 法治系统与社会各界对环境法典编纂的响应

环境资源领域具有强烈的公共性。编纂环境法典、加快环境资源立法，对国家的立法、执法与司法工作将产生重要影响，是国家生态文明建设中的大事。我们注意到，近年来，整个法治系统与社会各界对环境法典编纂的反应是积极与热烈的。在立法层面，全国人大常委会法制工作委员会、全国人大环境与资源保护委员会等涉及立法工作的部门已开始关注学界关于环境法典编纂的研究成果。作为立法工作重要参与力量的全国政协的相关机构，对环境法典编纂亦保持了积极态度。在执法层面，生态环境部、自然资源部等环境资源领域的重要国家行政机关对环境法典的编纂也表现出了相应热情，虽然在是编纂一部统一的《环境法典》还是分别编纂《生态环境法典》或《自然资源法典》上存在一定分歧，但对法典化的整体向度的认知是一致的。在社会层面，一些环境保护组织、学术组织、法律服务机构均对环境法典的编纂给予了高度关注，诸如上文中所言的阿里巴巴基金会等还以资助公益项目的方式参与了该领域的研究工作。

（二）法典化进程中的环境资源法律体系化

从逻辑上而言，体系化是法典化的最核心要素。法律之间、法律规范之间以及法律规范集束之间是否存在体系或者体系化的程度，直接决定这些法律、法律规范、法律规范集束可否有机编纂在一起。在一定意义上，可以把上述法律、法律规范、法律规范集束作为法典的要素。法典化，在本质上就是法典要素的体系化并将其以法典的形式颁布。法典的要素之间是否存在体系，既受到法律原理、法律规律的制约，也来源于立法技术对体系的构建。在环境法典编纂过程中，对上述先天的"法律科学的体系"与后天的"法律技术的体系"都应高度关注。

1. 作为法律科学的环境法典编纂中的"体系"

法律既是一门实践的艺术，也是一门科学。作为法律科学的法典编纂，必须从构成法典的要素即作为个体的法律规范或作为集束的法律规范之间的逻辑关系出发构建外在的实在法体系。法律科学对法典编撰的逻辑制约至少体现在下列方面：其一，法律规范的时间向度。法律规范的

第六章 环境法典编纂与中国特色社会主义法律体系的完善

时间向度主要包括三个核心要素,即法律行为、法律责任、制裁方式。环境法典必须对各类与生态环境相关的行为(无论是哪类法律主体做出的行为)进行类型化,然后明确相应的法律责任与制裁方式。其二,法律规范的空间向度。空间向度要求在法典之中必须明确该法典所调整的社会关系的边界,从而做到与其他法典或法律相区分。就环境法典编纂而言,从空间向度上必须明确环境法典中所包含的法律规范除了传统的污染防治法律之外,自然资源管理与生态保护产业领域的一些法律是否应纳入环境法典的范畴,对此,笔者将在后文中分析。

既有法律科学对法典编纂提供了普遍性的制式路径。从法律科学角度而言,"法律体系化包括以法律原则为核心的内在价值体系构建和以法律规则为主要形态的外在规则体系构建两个维度"。[1]法典编纂不是严格意义上的创造性活动,也不像文学作品的创作一样可以形式多样,它受到既有法律科学的严格规制。从这个角度而言,世界上的法典都有其相似的画像乃至骨骼。这种相似就是通用的法律科学对其产生了制约的表现。因此,可以认为,法典编纂更多是功能意义上的,而不是创造意义上的。人们更

---

[1] 参见徐以祥:"论我国环境法律的体系化",载《现代法学》2019年第3期。

多关心的是法典的功能,而不是法典的形式之美。也正是在这个意义上,有学者认为,编纂环境法典的重要意义是"旨在通过法典高度的简约性、便捷的适用性、严密的逻辑性和适度的稳定性,来消解环境法律复杂化及其附带的复杂性机能障碍"。[1]

2. 作为法律技术的环境法典编纂中的"体系"

法律既是科学的,也是技术的。法典编纂同样如此。我们在关注法典因法律科学的通用性而呈现的普遍性的同时,也应关注因法律技术的差异而导致的各国法典所呈现的差异性。有学者认为"环境法法典化是否成功,主要取决于目标和方法的一致以及对法典化过程中形式和实质间基本矛盾的妥当处理"。[2]针对法典的异同,有学者发出感慨:"《瑞典环境法典》开创了总分结合的动态立法体例,《法国环境法典》则致力于对制度碎片化的破解与整合,德国环境法典虽未面世,却在深入探寻环境法律行为的可行性,那么,属于中国环境法法典的理论印记和时代荣耀又是什么呢?"[3]

---

[1] 参见何江:"为什么环境法需要法典化———基于法律复杂化理论的证成",载《法制与社会发展》2019年第5期。

[2] 参见曹炜:"论环境法法典化的方法论自觉",载《中国人民大学学报》2019年第2期。

[3] 参见邓海峰、俞黎芳:"环境法法典化的内在逻辑基础",载《中国人民大学学报》2019年第2期。

第六章　环境法典编纂与中国特色社会主义法律体系的完善

技术层面的差异是导致环境法体系化或环境法典面貌差异的重要原因。技术路线的设计或设置是环境法典编纂中的核心环节。而这种设置的差异既来源于理论的差异，也直接来源于立法者对不同模式的选择。比如，有学者认为："我国环境法典宜采用总则加分则的模式，并根据'总则—分则'的划分标准，在编纂的过程中适用分阶段编纂、分阶段审议的方式。"[1]还有学者认为："应当以环境管理权为核心建构制度体系，在自然资源管理权和环境污染监管权二分的基础上合理界定环境管理权的内容和结构，将特殊领域留待环境单行法规定并协调与环境法典的关系，最终形成边界清晰、内外部关系协调的环境法典。"[2]

法典编纂中法律技术的应用体现为"二次体系化"。单一法律在制定时，往往要考虑该法律内部的和谐统一与前后体系性，但不同的法律在约制同一领域的事项时，则可能存在规范重复与冲突甚至体系冲突。比如，"2012年启动《环境保护法》修改工作时，全国人大环境与资源保护委员会梳理研究了所有相关立法后发现，1989年《环境

---

[1] 参见王灿发、陈世寅："中国环境法法典化的证成与构想"，载《中国人民大学学报》2019年第2期。
[2] 参见刘长兴："论环境法法典化的边界"，载《甘肃社会科学》2020年第1期。

保护法》的条款与当时已有的专项法的重叠至少有 31 个条文"。[1]上述法律规范之间的重复与冲突问题可以通过环境法典编纂的"二次体系化"方式得到一定程度的解决,这也是行政执法部门关注与期待环境法典尽快编纂的重要原因。

五、环境法典编纂与环境资源法律体系的发展

编纂环境法典对进一步厘清环境资源法律关系、促进环境法学理论发展具有重要意义,有利于促进对环境资源法律体系的内部结构、环境资源法的调整对象、调整范围等的认识、理解与把握。

(一) 环境资源法律体系的内部结构与环境法典编纂

1. 关于环境资源法律体系内部结构的基本观点

环境资源法律体系的内部结构,是指环境资源法律的内部要素的分布与相互关系。一般认为,环境资源法律体系的内部要素主要包括污染防治、生态保护两个模块。也有不少学者将资源、能源问题纳入环境资源法的调整范围,进而认为自然资源法、能源法等属于环境资源法律体系的构成;也有学者认为国际环境法属于环境法的组成部

---

[1] 参见吕忠梅:"环境法典编纂:实践需求与理论供给",载《甘肃社会科学》2020 年第 1 期。

分；还有学者认为，通过市场机制实现环境保护的法律，如循环经济促进法等也属于环境资源法的要素，等等。

笔者认为，对于环境资源法律关系内部结构的把握，不能仅从外观层面或形式层面进行观察与理解。分析事物的内部结构，其前提是事物作为现实中存在并运行的种类物或观念物具有效能意义，而效能的发挥有赖于内部要素之间的时空布局或相互关系的时空展开。环境资源法作为部门法之一种，其效能的发挥有赖于法律机制的运作，而环境资源法的效能在于通过法律机制促进生态环境保护，从这个意义上而言，通过法律机制促进生态环境保护的法律方可纳入环境资源法的范畴。

2. 环境资源法律体系内部结构的核心构成

依上所述，污染防治法律与生态保护法律是环境资源法最为核心与基础的要素，而自然资源法、能源法除了在资源开发与利用方面具有环境保护的价值向度之外，更多的价值在于资源与能源开发秩序的法律建构，实现其法律目的的主要机制是行政机制、行政法律机制、民商经济法机制等。自然资源法与能源法中污染防治与生态保护的法律措施，在本质上属于污染防治法与生态保护法的相应措施在产业或行业专门性法律中的运用。

依据上述基本标准，国际环境法与环境资源法的关系比自然资源法、能源法与环境资源法的关系更密切。国际环境法主要以地球生态环境的保护为宏观价值与维度，其所构建的法律机制虽与国际法的通行规则与制度有较为紧密的联系，但依然显示出较为独特的法律品性，其所具有的公共性具有较为鲜明的环境资源法特性。国际环境法所构建的法律机制，与国内环境法所构建的法律机制的有效连接可较为完整地呈现环境资源法律体系的构成。

3. 基于环境资源法律体系内部结构的环境法典编纂

基于上述对环境资源法律体系内部结构的理解，在环境法典编纂中，下列事项值得注意：

第一，资源法、能源法是否编入环境法典。我国现在的自然资源法主要有两类：一类属于生态法，如森林法、草原法、矿产资源法、野生动物保护法等；一类属于产业法，如水法、煤炭法、石油法、渔业法等。笔者的基本意见是，生态法可编入环境法典，但产业法不宜编入环境法典。其基本理由是：前者具有较为显著的生态保护特征，且其法律机制（如自然资源的规划制度、计划制度、禁限制度、补偿制度、赔偿制度等）具有较为鲜明的环境法律特征，而后者（如煤炭法、石油法等）具有显著的行业特征与产业特征。产业法或行业法中的环境保护价值的实现与法律机制的配置与环境基本法、污染防治法、生态保护

第六章 环境法典编纂与中国特色社会主义法律体系的完善

法中所规定的法律机制并无本质差异,是环境资源法律机制在其他法律部门中的运用,属于行政法或经济法领域,故其不宜作为环境法律编入环境法典。

第二,国际环境法相应规范的吸收与转化。国际环境法既是国际法的渊源,也是环境资源法的渊源。从法律结构角度而言,国际环境法作为环境资源法学的构成要素是没有问题的。但需注意的是,作为立法活动之一的法典编纂活动,其价值主要在于方便司法与找法。由于国际环境法的实施主体主要是国家与国际组织,开展国际法编纂活动的主要是诸如联合国的一些重要国际组织等,而法典编纂一般是各国的立法活动。就我国目前的法典编纂实践而言,在刑法、民法典等的编纂活动中也没有直接将国际公约纳入法典的先例与实践。因此从这个角度而言,笔者认为,国际环境法中的绝大部分专门性法律(如《拉姆萨尔公约》《生物多样性公约》《联合国防治荒漠化公约》等针对某种生态要素进行国际保护的国际公约)并不适宜编入环境法典。

(二) 环境资源法的调整范围与环境法典编纂

环境资源法的调整范围,是近年来我国环境资源法学研究关注的问题。环境资源法的调整范围对环境法典的编纂也将产生直接影响。

1. 关于环境资源法调整范围的基本观点

从学术问题讨论角度而言,环境资源法的调整范围从属于部门法的调整范围。部门法的调整范围,是指作为部门法的法律部门(如经济法、行政法、环境资源法等)在法律实践中对相应法律关系调整的时空范围。确定部门法的调整范围大致有两个标尺:一是部门法所调整的法律关系的范围;二是部门法所调整的法律关系所在的时空范围。按照上述标准,行政法、刑法、民法、商法、国际法等部门法的调整范围大致是可以确定的。与传统部门法较为稳定的调整范围不同的是,学界对环境资源法的调整范围并没有形成一致观点。在环境法学者内部,关于环境资源法的调整范围也存在着较大争议,各种观点差异显著。

2. 确定环境资源法调整范围的基本方法

在确定环境资源法的调整范围时,要区分环境资源法的调整范围与环境保护的范围。毫无疑问,环境保护的范围是较宽的,除了污染防治,还及于各类自然要素的保护,甚至囊括了非传统安全领域的核安全以及文化遗产保护等非物质领域。但是,不能因环境资源法所要保护的客体具有广泛性就认为环境资源法调整人与人的外部即人与自然的全部法律关系。在人或人类的生存或生活中,与外部环境必然发生多样态的交互关系,这些交互关系主要是

第六章 环境法典编纂与中国特色社会主义法律体系的完善

基于经济活动、社会活动、文化活动等，这些交互活动可能产生民法规则、刑法规则、行政法规则，也有可能产生环境资源法规则。我们应将那些与污染防治与生态保护相关的、旨在为人类建设具有一定标准的生态环境质量的规则视为环境资源法规则而纳入其调整范围，不能笼统地将所有以生态环境为载体或要素的法律均视为环境资源法规则。

环境资源法的调整范围问题的实质在于环境资源法对环境资源法律关系的支配。在环境资源法律关系中，环境资源法律关系的内容是决定环境资源法调整范围的关键，而不是作为环境资源法律关系客体的生态环境本身。一般认为，环境资源法律关系的内容，是指基于环境保护价值的权利与义务关系。所以，确定某项法律规范或某个领域是否属于环境资源法的调整范围，要看法律介入该领域是否是基于环境保护的价值，并且是否在法律理论与法律技术上可设置相应的权利与义务。上述两个条件需同时满足（也即充分且必要）时，才能认为该领域属于环境资源法的调整范围。

按照上述两个标准，环境资源法的调整范围，既要符合保护生态环境的价值理念，也要具备配置法律上的权利义务的可能性，也即既要符合法律价值，也要符合法律技术。在现实中，符合环境保护价值的范围非常广泛，但同时在法律技术上具备配置权利义务的条件则较为困难。由此我们可知，但凡在法律技术上不可设置权利义务关系的领域，即便是基于环境保护，也不能将其直接纳入环境资源法的调整范围。

3. 基于环境资源法调整范围的环境法典编纂

基于上述观点，我们可对现实中存在的与环境保护有一定关联的规范、规则等进行梳理。以上文中的标准为判断标准，可知下列领域不属于环境资源法的调整范围，可不纳入环境法典：

第一，实践中存在的基于安全生产、食品与药品安全、文化多元性、历史遗产、文物保护等领域的法律，因其并非直接以生态环境保护为价值标的，故不属于环境资源法的调整范围。

第二，不产生直接权利义务关系的与环境保护有关的环境标准、环境技术规范、基于客观规律的环境科学、各类为促进环境保护实现的工业技术，因其不属于法律关系中的权利与义务内容，不直接产生法律效果，故不属于环境资源法的调整范围。

第三，近年来在环保领域里普遍存在的党政同责制度、环保督察制度等，其虽基于环保目的与价值，但因并无法律上权利义务关系的设置,并不构成严密的法律关系,故不宜将其作为环境资源法的调整机制,也不属于环境法典编纂标的的指向。

六、小结

法典编纂有利于法律体系的完善。编纂环境法典,既是对业已存在的环境资源法律规范的现实认可,也是对法律制度体系化的追求。党的十八大以来,我国环境资源立法取得长足进步,新时代环境资源立法更加凸显了中国特色社会主义特征,环境资源法作为独立法律部门的属性显著增强。在中国特色社会主义新时代我国生态文明建设的大好形势下,以服务国家治理体系与治理能力现代化为导向,以科学严谨的态度、求真务实的精神,编纂一部体系完整、结构优化、功能完备的环境法典,必将大大促进我国环境资源立法的现代化,并对完善中国特色社会主义法律体系作出新的、更大的贡献。

第七章

结 论

　　中国特色社会主义法律体系是在中国共产党的领导下，在坚定不移地走中国特色社会主义法治道路的过程中逐渐形成、发展起来的。在新的历史起点上，进一步完善和发展中国特色社会主义法律体系，是坚持党的领导与社会主义法治相统一的根本要求，是建设中国特色社会主义法治体系的必然要求，是推进法治中国建设的基本要求。通过对现有中国环境法的体系梳理与问题揭示，从调整对象、调整进路等方面进行理论剖析，总结中国现有环境法律存在的沟通与协调问题，对中国环境法学研究与环境法进行体系化理论构建，起到达成共识性理论的"硬核"，使得环境法学学科成为社会主义法律体系中的独立法律部门，建立能为整个法学界认同的学科核心范畴，建立层次清晰、逻辑严密的环境法律体系。

　　环境法调整对象作为揭示环境法与社会之间关联的一

第七章 结论

个学术范畴，处于环境法本体论的视域与调整范围之内，即调整对象理论承载着关于环境法本体范围的相关知识。也就是说，环境法的调整范围与调整对象相互交织，在属性上表现为形式与内容的关系。就环境法调整对象的形态而言，可分为应然层面与实然层面。在国家正式制度层面环境立法调整范围中所体现的调整对象系属实然层面，是在环境法规范形式基础上的实际状态。而环境法调整范围必须基于法律的规范性、制度化和强制性，着眼于实质解释涵盖的人、环境行为、关系维度、环境利益与生态法益，以及法律调整方法等核心要素。

在习近平法治思想与习近平生态文明思想的引领下，需要切实满足人民群众的绿色法治新需要，通过构建生态环境领域立法、执法、司法、守法相互协同与联动的绿色法治体系来实现。一方面，环境法的体系应对，应当树立一种生态整体主义的环境风险与环境问题的治理理念。另一方面，环境法体系应对的路径是一种以环境问题治理为导向的、基于领域法学的整体主义整合路径。促进环境法体系的优化，需要完善作为独立法律部门的环境法及其法律法规的调整对象和范畴。促进环境法体系的优化，需要完善环境法学的学科体系和内部要素的清单制管理，以及推进环境法实施过程中的学术共同体建设。最终，通过适度环境法法典化回应社会性需要,通过环境法的体系化回应完善中国特色社会主义法律体系与法治体系要求。

在环境法调整范围的实然层面与具体领域,包括中国在内的全球范围内存在的食品浪费,严重危及粮食安全、资源安全及环境安全。食品浪费历来在道德上是被反对的,一些国家也出现了以制度约束食品浪费的实践。反对食品浪费的法理困境在于,依据所有权理论,权利人有权自由处分其财产,包括食品。事实上,在当前粮食危机、环境资源危机严重的当下,以"自由"处分为表征的浪费行为已经表现为所有权张力的过度释放,背离了资源社会性的要求。不负担任何社会义务的所有权面临着新的变革。反食品浪费立法的核心在于以资源社会性理论作为其法理基础,纠正所有权张力的过度释放,满足财产权社会义务、环境义务的要求。反食品浪费立法需着眼于生态文明建设需要,满足绿色发展观要求;立法需跳脱出"节约型反浪费"与"回收性反浪费",构建"循环型反浪费"制度体系;制度内容既包括通过强制性约束反对浪费,又要促进、引导相关绿色产业发展;以《反食品浪费法》作为突破口,推进国家反浪费立法体系的逐步健全。

在环境法调整范围的实然层面与前沿领域,碳达峰、碳中和的推进和实施,迫切需要科技的支撑和法治的保障。这在当前大数据时代鲜明地体现为数字碳达峰、碳中和的命题,逻辑与进路。数字碳达峰、碳中和的法治保障与法治实现,在价值理念方面,需要以习近平生态文明思想和习近平法治思想为根本遵循;在智慧城市建设方面,需要在低碳城市与智能城市协同构建中完成城市治理的法治化命题;在企业治理方面,需要数字平台的合规机制构建;在全球治理方面,需要提倡"人类命运共同体"背景下的应对全球气候变化的网络空间法治机制构建;在具体法治机制构建方面,需要强调定制化常规型的法治应对方案。

编纂环境法典是当前我国环境资源立法领域的新实践。编纂环境法典,对于加强生态环境领域的法治建设、提升法律对生态环境的保障能力、提升我国环境资源立法水平、完善中国特色社会主义法律体系具有重要意义。党的十八大以来,我国环境资源立法进程明显加快,这为环境法典的编纂提供了良好的外部环境。在编纂环境法典过程中,应高度关注既有法律科学与法律技术对法典编纂工作的制约。环境法律人的知识体系、知识结构对环境法典的编纂亦有重要影响。编纂环境法典,对准确理解与定位环境资源法律关系、科学界定环境法的调整范围、准确把握环境法的调整机制也具有重要意义。

主要参考文献

一、学术专著

1. 蔡守秋:《调整论——对主流法理学的反思与补充》,高等教育出版社 2003 年版。

2. 沈宗灵:《法理学》,北京大学出版社 1999 年版。

3. 张文显:《法哲学范畴研究》(修订版),中国政法大学出版社 2001 年版。

4. 杨宗科:《法律机制论——法哲学与法社会学研究》,西北大学出版社 2000 年版。

5. 公丕祥主编:《法理学》,复旦大学出版社 2002 年版。

6. 罗豪才主编:《现代行政法制的发展趋势》,法律出版社 2004 年版。

7. 吕忠梅:《环境法学》,法律出版社 2004 年版。

8. 王灿发:《环境法学教程》,中国政法大学出版社 1997 年版。

9. 史玉成、郭武:《环境法的理念更新与制度重构》,高等教育出版社 2010 年版。

10. 黄建武：《法律调整——法社会学的一个专题讨论》，中国人民大学出版社 2015 年版。

11. 夏勇：《人权概念起源》，中国政法大学出版社 1992 年版。

12. 王天木主编：《法理学》，中国政法大学出版社 1992 年版。

13. 谢晖：《法学范畴的矛盾辨思》，山东人民出版社 1999 年版。

14. 陈泉生：《可持续发展与法律变革》，法律出版社 2000 年版。

15. 《马克思恩格斯全集》（第 1 卷），人民出版社 1956 年版。

16. 陈慈阳：《环境法总论》（2003 年修订版），中国政法大学出版社 2003 年版。

17. 杨仁寿：《法学方法论》，中国政法大学出版社 1999 年版。

18. 朱景文主编：《对西方法律传统的挑战：美国批判法律研究运动》，广西师范大学出版社 2004 年版。

19. 卢俊卿、仇方迎、柳学顺：《第四次浪潮：绿色文明》，中信出版社 2011 年版。

20. 李学勤主编：《周易正义》，北京大学出版社 1999 年版。

21. 吕效祖、赵保玉、张耀武主编：《群书治要考译》（第 4 册），团结出版社 2011 年版。

22. 钱大群：《唐律疏义新注》，南京师范大学出版社 2007 年版。

23. 沈春耀、许安标主编：《大智立法：新中国成立 70 年立法历程》，法律出版社 2019 年版。

24. 朱景文主编：《中国特色社会主义法律体系：结构、原则与制度阐释》，中国人民大学出版社 2018 年版。

25. 王树义等：《改革开放 40 年法律制度变迁·环境法卷》，厦门大学出版社 2019 年版。

26. 周迪:《论中央与地方环境立法事项分配》,中国社会科学出版社 2019 年版。

27. 柯坚:《环境法的生态实践理性原理》,中国社会科学出版社 2012 年版。

28. 刘洪岩主编:《域外环境法典编纂的实践与启示》,法律出版社 2021 年版。

29. 刘剑文等:《领域法学:社会科学的新思维与法学共同体的新融合》,北京大学出版社 2019 年版。

30. 陈海嵩主编:《中国环境法典编纂的基本理论问题》,法律出版社 2021 年版。

31. 孙法柏等:《国际环境法基本理论专题研究》,对外经济贸易大学出版社 2018 年版。

32. 张守文:《当代中国经济法理论的新视域》,中国人民大学出版社 2018 年版。

33. 张守文:《经济法原理》,北京大学出版社 2013 年版。

34. 汪劲:《环境法治的中国路径:反思与探索》,中国环境科学出版社 2011 年版。

35. 张梓太、李传轩、陶蕾:《环境法法典化研究》,北京大学出版社 2008 年版。

36. 焦艳鹏:《刑法生态法益论》,中国政法大学出版社 2012 年版。

37. [苏] C.C. 阿列克谢耶夫:《法的一般理论》(上册),黄良平、丁文琪译,法律出版社 1988 年版。

38. [美]劳伦斯·M. 弗里德曼:《美国法律史》,苏彦新等译,中国社会科学出版社2007年版。

39. [美]阿诺德·柏林特:《生活在景观中——走向一种环境美学》,陈盼译,湖南科学技术出版社2005年版。

40. [美]彼得·N. 斯特恩斯:《世界历史上的消费主义》,邓超译,商务印书馆2015年版。

41. [美]凯文·沃巴赫:《链之以法——区块链值得信任吗?》,林少伟译,上海人民出版社2019年版。

42. [美]瑞恩·卡洛、迈克尔·弗鲁姆金、[加]伊恩·克尔编:《人工智能与法律的对话》,陈吉栋、董惠敏、杭颖颖译,上海人民出版社2018年版。

43. [美]约翰·弗兰克·韦弗:《机器人是人吗?》,刘海安、徐铁英、向秦译,上海人民出版社2018年版。

44. [英]艾琳·麦克哈格等主编:《能源与自然资源中的财产与法律》,胡德胜等译,北京大学出版社2014年版。

45. [英]约瑟夫·拉兹:《法律体系的概念》,吴玉章译,中国法制出版社2003年版。

46. [英]约翰·奥斯丁:《法理学的范围》,刘星译,中国法制出版社2002年版。

47. [德]尼古拉斯·卢曼:《法社会学》,宾凯、赵春燕译,上海人民出版社2013年版。

48. [德]萨维尼:《当代罗马法体系Ⅰ:法律渊源·制定法解释·法律关系》,朱虎译,中国法制出版社2010年版。

49. [瑞典]亚历山大·佩策尼克:《论法律与理性》,陈曦译,中国政法大学出版社 2015 年版。

50. [奥]凯尔森:《纯粹法理论》,张书友译,中国法制出版社 2008 年版。

51. [奥]凯尔森:《共产主义的法律理论》,王名扬译,中国法制出版社 2004 年版。

二、学术论文

1. 江必新:"贯彻习近平法治思想 完善以宪法为核心的中国特色社会主义法律体系",载《中国人大》2020 年第 24 期。

2. 江必新:"完善中国特色社会主义法律体系",载《中国人大》2020 年第 23 期。

3. 吕忠梅:"习近平法治思想的生态文明法治理论",载《中国法学》2021 年第 1 期。

4. 吕忠梅:"中国生态法治建设的路线图",载《中国社会科学》2013 年第 5 期。

5. 吕忠梅:"为中华民族永续发展编纂环境法典",载《人民论坛》2021 年第 24 期。

6. 李婧:"中国特色社会主义法律体系发展动力探究",载《社会科学战线》2016 年第 12 期。

7. 蒋青青、李婧:"中国特色社会主义法律体系进一步完善发展的必要性论析",载《思想理论教育导刊》2015 年第 11 期。

8. 冯玉军:"完善以宪法为核心的中国特色社会主义法律体系——习近

平立法思想述论",载《法学杂志》2016年第5期。

9. 韩德培:"我们所需要的'法治'",载《法学评论》1995年第4期。

10. 金瑞林:"环境侵权与民事救济——兼论环境立法中存在的问题",载《中国环境科学》1997年第3期。

11. 沈宗灵:"再论当代中国的法律体系",载《法学研究》1994年第1期。

12. 马骧聪:"关于环境法、自然资源法和国土法的思考",载《法学研究》1989年第6期。

13. 姜建初:"论我国自然资源法的几个问题",载《法制与社会发展》1995年第1期。

14. 杜群:"论社会主义市场经济与环境保护的协调",载《社会科学》1993年第4期。

15. 蔡守秋:"论修改《环境保护法》的几个问题",载《政法论丛》2013年第4期。

16. 王灿发:"论生态文明建设法律保障体系的构建",载《中国法学》2014年第3期。

17. 王灿发:"我国自然资源立法对自然保护的局限性分析——兼论自然资源法与自然保护法的相互关系",载《环境保护》1996年第1期。

18. 李艳芳:"关于环境法调整对象的新思考——对'人与自然关系法律调整论'的质疑",载《法学家》2002年第3期。

19. 李爱年:"生态保护立法体系存在的问题及完善的建议",载《中国人口·资源与环境》2002 年第 5 期。

20. 曹明德："论生态法律关系"，载《中国法学》2002 年第 6 期。

21. 王树义、桑东莉："客观地认识环境法的调整对象"，载《法学评论》2003 年第 4 期。

22. 常纪文："再论环境法的调整对象——评'法只调整社会关系'的传统法观点"，载《云南大学学报（法学版）》2002 年第 4 期。

23. 吕忠梅："中国需要环境基本法"，载《法商研究》2004 年第 6 期。

24. 王社坤："论环境法的调整对象"，载《昆明理工大学学报（社会科学版）》2009 年第 9 期。

25. 蔡守秋、万劲波、刘澄："环境法的伦理基础：可持续发展观——兼论'人与自然和谐共处'的思想"，载《武汉大学学报（哲学社会科学版）》2001 年第 4 期。

26. 李挚萍："试论法对人与自然关系的调整"，载《中山大学学报（社会科学版）》2001 年第 2 期。

27. 徐祥民："极限与分配——再论环境法的本位"，载《中国人口·资源与环境》2003 年第 4 期。

28. 巩固："私权还是公益？环境法学核心范畴探析"，载《浙江工商大学学报》2009 年第 6 期。

29. 史玉成："环境法学核心范畴之重构：环境法的法权结构论"，载《中国法学》2016 年第 5 期。

30. 陈春龙："关于我国法学研究对象问题的两次大讨论"，载《中国法学》1984 年第 2 期。

31. 肖海军："从法学的研究对象与论证思路看法学研究方法"，载《时代法学》2016 年第 6 期。

32. 黄建武："法律关系：法律调整的一个分析框架"，载《哈尔滨工业大学学报（社会科学版）》2019 年第 1 期。

33. 贾建军："论法律调整理论的时代流变"，载《山西师大学报（社会科学版）》2019 年第 5 期。

34. 蒋春华："法律调整机制的认知分歧与弥合——一个人工系统功能实现视角下的思考"，载《广东社会科学》2019 年第 5 期。

35. 谢晖："论法律调整"，载《山东大学学报（哲学社会科学版）》2003 年第 5 期。

36. 郭红欣："环境保护法能够调整人与自然的关系——兼与李爱年教授商榷"，载《法学评论》2002 年第 6 期。

37. 李爱年："环境保护法不能直接调整人与自然的关系"，载《法学评论》2002 年第 3 期。

38. 钱水苗："环境法调整对象的应然与实然"，载《中国法学》2003 年第 3 期。

39. 姜渊："对自然资源法调整对象的思考"，载《湖北社会科学》2013 年第 8 期。

40. 孙莹："民法调整对象的属性及其意蕴研究"，载《西南政法大学学报》2013 年第 2 期。

41. 史玉成："加强对生态利益的法律调整"，载《中国社会科学报》2014 年 2 月 26 日。

42. 陈俊："推进重点领域立法、完善中国特色法律体系之探讨"，载《复旦大学法律评论》2017 年第 2 期。

43. 吕忠梅："环境法典编纂：实践需求与理论供给"，载《甘肃社会科学》2020年第1期。

44. 李永宁："试论环境资源法的调整对象"，载《理论导刊》2008年第6期。

45. 蔡守秋："建设和谐社会、环境友好社会的法学理论——调整论"，载《河北法学》2006年第10期。

46. 杨朝霞、程侠："我国野生动物外来物种入侵的法律应对——兼谈对环境法'调整论'反思的反思"，载《吉首大学学报（社会科学版）》2016年第2期。

47. 谈珊、胡鑫："环境法框架下关于'人'的研究"，载《中华环境》2020年第8期。

48. 梁忠："界权论：关于环境法的另一种解释"，载《中国地质大学学报（社会科学版）》2019年第2期。

49. 张祥伟、李翠平："环境行为研究——'界定之难'和'研究价值'之探讨"，载《泰山学院学报》2017年第4期。

50. 楚道文："论环境行为的法律调整"，载《北方论丛》2011年第3期。

51. 陈金钊："法律如何调整变化的社会——对'以不变应万变'思维模式的诠释"，载《扬州大学学报（人文社会科学版）》2018年第5期。

52. 焦艳鹏："生态文明视野下生态法益的刑事法律保护"，载《法学评论》2013年第3期。

53. 张璐："环境法学的法学消减与增进"，载《法学评论》2019年第

1 期。

54. 杜健勋：“从权利到利益：一个环境法基本概念的法律框架”，载《上海交通大学学报（哲学社会科学版）》2012 年第 4 期。

55. 史玉成：“环境利益、环境权利与环境权力的分层建构——基于法益分析方法的思考”，载《法商研究》2013 年第 5 期。

56. 刘卫先：“环境法学中的环境利益：识别、本质及其意义”，载《法学评论》2016 年第 3 期。

57. 何佩佩、冯莉：“论环境利益的存续状态及其调整机制”，载《社会科学家》2020 年第 11 期。

58. 杨思斌：“构建社会主义和谐社会与法律调整方法的改进和创新”，载《当代世界与社会主义》2006 年第 4 期。

59. 徐澜波：“论宏观调控法的调整方法——从经济法的调整方法切入”，载《法学》2020 年第 7 期。

60. 陈自强、高扬：“我国区域能源不平衡现状分析及法律调整方法探析”，载《天然气技术与经济》2016 年第 6 期。

61. 梁剑琴：“关于形成一套科学的环境法调整方法的几点思考”，载《国家林业局管理干部学院学报》2005 年第 4 期。

62. 张璐：“环境法与生态化民法典的协同”，载《现代法学》2021 年第 2 期。

63. 吕忠梅：“环境法回归 路在何方？——关于环境法与传统部门法关系的再思考”，载《清华法学》2018 年第 5 期。

64. 杜群：“《环保法》修订要符合'大环保'理念”，载《绿叶》2011 年第 8 期。

65. 钭晓东:"从单一'政府定位'到多元'社会选择'——环境法第三调整机制变革与温州商会的环保功能拓展",载《浙江学刊》2005年第4期。

66. 钭晓东:"环境法调整机制运行双重失灵的主要症结",载《河北学刊》2010年第6期。

67. 蔡守秋、任世丹:"论环境法学研究范式变革的深层探索——《民本视阈下环境法调整机制变革:温州模式内在动力的新解读》一书评介",载《太平洋学报》2011年第5期。

68. 蔡守秋:"从综合生态系统到综合调整机制——构建生态文明法治基础理论的一条路径",载《甘肃政法学院学报》2017年第1期。

69. 竺效:"论我国环境污染责任保险单行法的构建",载《现代法学》2015年第3期。

70. 马保印:"浅谈设备管理中的隐性浪费",载《陕西水利》2008年第F09期。

71. 黄佳琦、聂凤英:"食物损失与浪费研究综述",载《中国食物与营养》2016年第10期。

72. 张盼盼等:"消费端食物浪费:影响与行动",载《自然资源学报》2019年第2期。

73. 成升魁等:"笔谈:食物浪费",载《自然资源学报》2017年第4期。

74. 范和生、刘凯强:"从黑色文明到绿色发展:生态环境模式的演进与实践生成",载《青海社会科学》2016年第2期。

75. 林群:"从'黑色文明'到'绿色文明'——可持续发展思想的哲

学思考",载《国家林业局管理干部学院学报》2012年第4期。

76. 徐爱国、潘程:"中国反浪费法的法理基础和法律设计",载《河南财经政法大学学报》2018年第2期。

77. 高利伟等:"政策对城市餐饮业食物浪费变化特征的影响分析——以拉萨市为例",载《中国食物与营养》2017年第3期。

78. 黄锡生、落志筠:"资源的社会性与空置房的法律规制",载《河北大学学报(哲学社会科学版)》2012年第1期。

79. 赵玲、高品:"消费主义的中国形态及其意识形态批判",载《探索》2018年第2期。

80. 王耀伟、李梦佳:"美国财产法中的社会义务规范探析",载《合肥工业大学学报(社会科学版)》2019年第3期。

81. 刘道前:"德国财产权确立及其社会义务之启示",载《人民论坛·学术前沿》2017年第10期。

82. 韩松:"集体建设用地市场配置的法律问题研究",载《中国法学》2008年第3期。

83. 弓永钦:"欧盟数据隐私新规则对我国'涉欧'数字企业的影响及应对",载《国际经济合作》2019年第2期。

84. 杨华国:"论环境法在法学体系中的地位",载《社会科学家》2007年第6期。

85. 马波:"论政府环境责任法制化的实现路径",载《法学评论》2016年第2期。

86. 张忠民:"《土壤污染防治法》的'攻'与'守'",载《中国审判》2019年第1期。

87. 徐以祥："论我国环境法律的体系化"，载《现代法学》2019年第3期。

88. 何江："为什么环境法需要法典化———基于法律复杂化理论的证成"，载《法制与社会发展》2019年第5期。

89. 曹炜："论环境法法典化的方法论自觉"，载《中国人民大学学报》2019年第2期。

90. 邓海峰、俞黎芳："环境法法典化的内在逻辑基础"，载《中国人民大学学报》2019年第2期。

91. 王灿发、陈世寅："中国环境法法典化的证成与构想"，载《中国人民大学学报》2019年第2期。

92. 刘长兴："论环境法法典化的边界"，载《甘肃社会科学》2020年第1期。

93. 欧阳志远等："'碳达峰、碳中和'：挑战与对策"，载《河北经贸大学学报》2021年第5期。

94. 曹明德："中国碳排放交易面临的法律问题和立法建议"，载《法商研究》2021年第5期。

95. 张昕："以碳达峰、碳中和为引领深化建设全国碳排放权交易市场"，载《中国生态文明》2021年第2期。

96. 王江："论碳达峰、碳中和行动的法制框架"，载《东方法学》2021年第5期。

97. 傅翠晓："碳达峰、碳中和的五大重点关注领域"，载《张江科技评论》2021年第4期。

98. 黄炜："碳达峰、碳中和的数智探索"，载《浙江经济》2021年第

8 期。

99. 杨解君:"实现碳中和的多元化路径",载《南京工业大学学报（社会科学版）》2021 年第 2 期。

100. 庄贵阳、窦晓铭:《新发展格局下碳排放达峰的政策内涵与实现路径》,载《新疆师范大学学报（哲学社会科学版）》2021 年第 6 期。

101. 郭朝先:"2060 年碳中和引致中国经济系统根本性变革",载《北京工业大学学报（社会科学版）》2021 年第 5 期。

102. 张友国:"碳达峰、碳中和工作面临的形势与开局思路",载《行政管理改革》2021 年第 3 期。

103. 李少林、冯亚飞:"区块链如何推动制造业绿色发展？——基于环保重点城市的准自然实验",载《中国环境科学》2021 年第 3 期。

104. 喻佑斌:"论区块链在诚信社会建设中的作用",载《自然辩证法研究》2020 年第 1 期。

105. 宋旭明、崔静静:"区块链上与链下物之多重买卖的法律效力研究",载《南昌大学学报（人文社会科学版）》2020 年第 2 期。

106. 杨继文、范彦英:"大数据证据的事实认定原理",载《浙江社会科学》2021 年第 10 期。

107. 杨继文:"区块链证据规则体系",载《苏州大学学报（哲学社会科学版）》2021 年第 3 期。

108. 高桂林、陈炜贤:"碳达峰法制化的路径",载《广西社会科学》2021 年第 9 期。

109. 姚建华、徐偲骕:"智慧城市:网络技术、数据监控与未来走向",

载《南昌大学学报（人文社会科学版）》2021年第4期。

110. 沈大明："《大清律例》与清代的社会控制"，华东政法学院2004年博士学位论文。

111. 梁剑琴："环境法调整方法研究"，武汉大学2005年硕士学位论文。

112. 梁晓敏："公民参与环境立法研究"，中国人民大学2017年硕士学位论文。

113. 于潇："给'反食品浪费'立法，是现实的迫切需要"，载《检察日报》2020年12月24日。

114. 朱宁宁："代表建议扭转环境立法部门化趋势，环境法典有望列入立法规划"，载《法制日报》2018年1月16日。

115. 皮剑龙："完善立法监管　遏制餐饮浪费"，载《人民政协报》2020年8月25日。

116. 南方日报评论员："从中央深改组会议看推进生态文明建设"，载《南方日报》2017年8月15日。

117. 张蕾："纠正'运动式'减碳，必须先立后破——访国务院发展研究中心资源与环境政策研究所副所长常纪文"，载《光明日报》2021年9月4日。

118. 刘诗萌："运动式减碳再遭痛批！"，载《华夏时报》2021年8月23日。

119. 蒋佳妮："实现碳达峰、碳中和要完善法律手段"，载《学习时报》2021年8月25日。

120. 徐卫星："碳达峰、碳中和不是齐步走，要有先有后"，载《中国环境报》2021年8月31日。

121. 吴亚飞："中国工程院院士王金南：建立个人碳排放信用体系引导公众参与碳中和"，载《四川日报》2021年9月8日。

122. 程晋波："如何进一步提高公职人员碳达峰、碳中和认识水平？"，载《中国环境报》2021年9月1日。

后　记

　　环境法的调整范围问题是一个极为复杂的理论与实践问题。对这个问题的研究需要较为深厚的法理学功底。该项目立项之前我对这个问题有过一些关注与思考，立项后又继续进行了相关思考。如今项目要结项了，仍觉得对这个问题的思考尚有很大空间。

　　法律的调整范围既与调整机制有关，也与立法甚至行政管理体制有关。中国的环境法调整范围在很大程度上是由既有的行政管理体制所决定的。在我国，涉及生态环境保护的法律法规很多，生态环境部、自然资源部等国家机关均对其进行了分类管理。山、水、林、田、湖、草、沙、冰都是环境法的调整范围，及至今日，低碳发展、减碳发展甚至碳达峰、碳中和也纳入了环境法调整范围。总之，生态文明建设所需之处，环境法皆可调整。

　　当前，我国正处于编纂生态环境法法典热潮之中。环

后　记

境法的调整范围也是生态环境法典的编纂范围。我们欣喜地看到，国内环境法学者在生态环境法法典编纂内容上已经基本达成共识。污染防治、生态保护、低碳发展这三个领域作为环境法的主要调整范围，较好地实现了生态环境保护与经济社会发展的交互，体现了我国在生态文明较为成熟阶段环境法的机制与功能，在未来一段时间内仍将具体展开与展现。

　　本项研究的开展周期较长。研究的总体框架由焦艳鹏提出。在具体内容撰写上，焦艳鹏撰写了第一章、第六章；杨继文撰写了第二章、第三章、第五章；落志筠撰写了第四章。本书第四章和第六章相关内容，曾以前期成果的形式发表于《重庆大学学报（社会科学版）》2021年第4期和《湖南师范大学社会科学学报》2020年第6期，在文中相应章节已做出说明，在此向以上刊物表示感谢！全书由焦艳鹏统稿定稿。博士生杨帆进行了一定的校对。由于时间较为紧迫，书中若有纰漏之处，还请读者多批评指正！

焦艳鹏

2022年5月于上海